中公新書 2774

小笠原弘幸著

ケマル・アタテュルク

オスマン帝国の英雄、トルコ建国の父

中央公論新社刊

はしがき

トルコ共和国の首都、アンカラ。

その丘のひとつに建立された、巨大な廟がある。一九五三年完成であるから、さほど古いものではない。古代アナトリアに帝国を打ち立てたヒッタイト、あるいは古代地中海世界に高度な文明を築いたギリシアやローマの建築様式に想を得ているともいわれる。しかし、この廟を名高いものにしているのは、建築ではなく、そこに眠る男のほうだ。彼に敬意をささげる訪問客は、いまなお引きも切らない。

その男は、出生時に親より与えられた名をムスタファといい、少年のころに得たあだ名をケマルという。ムスタファ・ケマル、として長くその名をとどろかせた彼は、晩年、トルコ大国民議会よりアタテュルク――父なるトルコ人――という姓を贈られた。

彼こそが、トルコ共和国の建国者にして初代大統領となった人物である。いまトルコを訪れれば、そこかしこに彼の肖像や写真、そして彫像が飾られているのを目にすることができる。彼は、トルコの英雄であるにとどまらず、チャーチルやウィルソンなどとならび、二〇世紀初頭の世界を彩る傑物のひとりでもあった。

それでは彼は、何を成し遂げたのであろうか。

ケマルの業績は、おおきくふたつに分けることができる。ひとつは、オスマン帝国の軍人にして救国の英雄として。もうひとつは、トルコ共和国という国をつくりあげた政治家として。


まず、戦士としてのケマル。

巨象のごときイスラムの大国であったオスマン帝国(一二九九年頃〜一九二二年)は、第一次世界大戦でドイツ側に立って参戦、致命的な敗北をこうむる。連合国に降伏したオスマン帝国皇帝とその政府は、列強に唯々諾々《いいだくだく》としたがうばかりであり、あまつさえ、イギリスの後ろ盾を得たギリシア王国軍のアナトリア侵攻を黙認するありさまであった。

そのなかにあって、列強による祖国分割を阻止せんとして立ちあがった愛国者たちを糾合し、その指導者となったのがムスタファ・ケマルであった。大戦において、チャーチルが立案したガリポリ上陸作戦を食い止めるという殊勲の勝利を挙げたケマルは、軍事的才能にあふれる英雄として、カリスマ的な評価を得ていたのだ。ケマルのもとで国民は奮闘し、ギリシア軍を激戦のすえ追い返して、列強の野望を打ち砕くことになる。中東のムスリム(イスラム教徒)諸国がほぼすべて植民地となったなか、列強の描いた世界の分割支配に異を唱え、それを修正させたのは唯一、ケマルとその同胞だけなのであった。

そして、政治家としてのケマル。

オスマン帝国が倒れた翌年の一九二三年、ケマルはトルコ共和国を建国し、初代大統領に就任する。ケマルは、大戦で疲弊しきったトルコを立て直し、新しい国家として生まれ変わらせる必要を強く感じていた。イスラム世界の象徴であったカリフ制を廃止し、トルコ民族主義を強く打ち出したのは、その一環である。第一次世界大戦の傷口がまだ癒えきらぬ欧州には、ふたたび大戦の火種がちらついていたが、ケマルは「祖国に平和、世界に平和」のスローガンを掲げ、どの陣営にもくみせず中立を保った。これは、彼の非凡な外交センスを示している。現在のトルコは、中東・バルカン諸国でもっとも成功した国のひとつといえようが、その礎を築いたのがケマルであった。

だが、手放しで賞賛されている救国の英雄としてのケマルと異なって、政治家としてのケマルには、裏の顔もつきまとう。大統領に就任してのち、ともに戦った盟友たちを追放あるいは処刑し、権力を固めた。トルコ民族主義を強硬に推し進めたゆえにクルド人を弾圧し、宗教を抑圧した。その強権的な手法から、彼を独裁者とみなす評価もある。

一九三四年にアタテュルクの姓を得た彼は、一九三八年、五七歳で世を去った。死後、アタテュルクは神格化され、批判は法律で禁じられた。彼がトルコ国民に敬愛され、いまなお誇りとされているのは疑いないものの、こうした抑圧によって、彼についての健全な評価が妨げられてきたのは事実である。その一方で近年では、親イスラムの公正発展党を率いるエルドアン大統領のもと、アタテュルクの業績を暗に批判する言説が、やや過剰なまでに繰り返されている。二〇二三年一〇月二九日にトルコ共和国建国一〇〇周年を迎えるいま、アタテュルクの評価は、おおきく揺れ動いているといえよう。

こうしたなか学問的な研究者たちは、一九八〇年代より現在にいたるまで、アタテュルクについての公正かつ客観的な評価を模索してきた。本書も、その潮流に棹《さお》さし、アタテュルクの実像を、最新の研究成果にもとづいて描き出そうとするものである。

それではまず、一九世紀末、六〇〇年続いた命脈が尽きようとしているオスマン帝国から、この男の肖像を描きはじめることにしよう。

目次

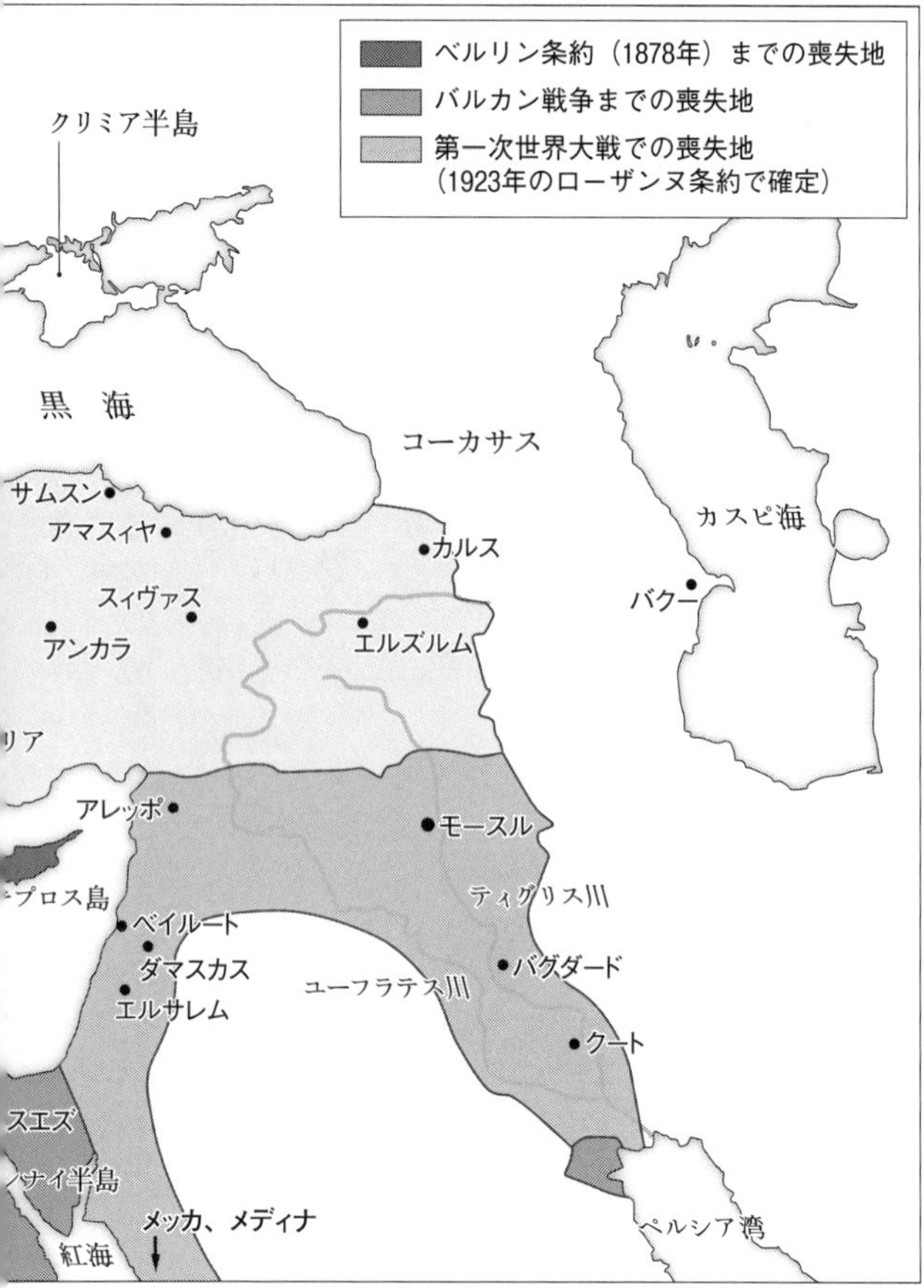

ベルリン条約（1878年）までの喪失地
バルカン戦争までの喪失地
第一次世界大戦での喪失地
（1923年のローザンヌ条約で確定）
クリミア半島
黒　海
コーカサス
カスピ海
サムスン
アマスィヤ
カルス
スィヴァス
アンカラ
エルズルム
バクー
リア
アレッポ
モースル
プロス島
ティグリス川
ベイルート
ダマスカス
エルサレム
ユーフラテス川
バグダード
クート
スエズ
ナイ半島
メッカ、メディナ
紅海
ペルシア湾

オスマン帝国とトルコ共和国（1878〜1923年）

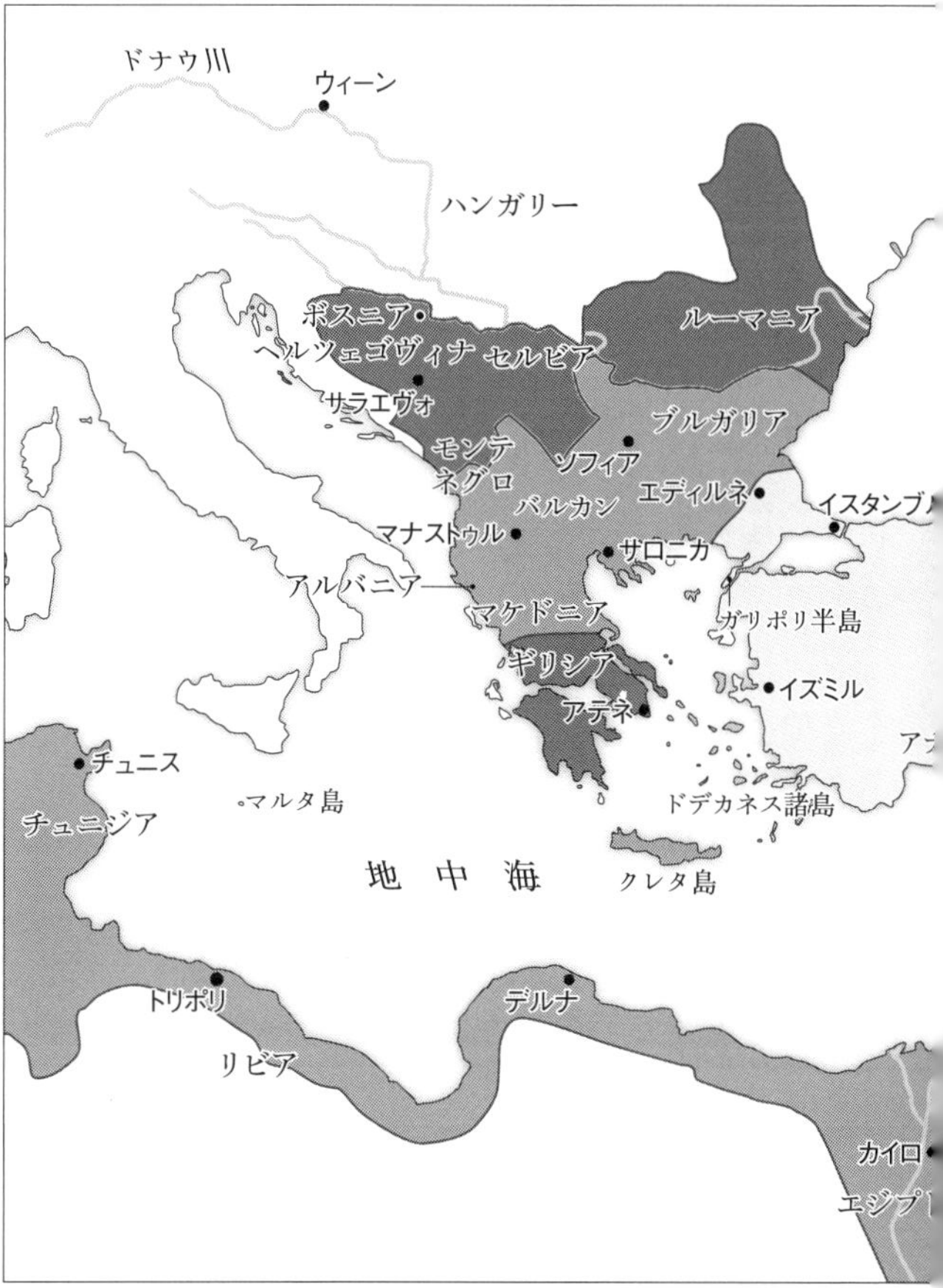

出典：『岩波 イスラーム辞典』ただし、大幅な加筆修正を加えている
アナトリアの詳細な地図は124頁を参照

凡例

・トルコ語のカナ表記については、林佳世子・千條真理子・永山明子編『トルコ新聞記事翻訳ハンドブック　二〇一八年版』（東京外国語大学、二〇一八年）に準拠した。ただし、慣例に配慮した場合もある。また、専門用語として定着している用語については、大塚和夫他編『岩波　イスラーム辞典』（岩波書店、二〇〇二年）の表記を採用した。

・オスマン帝国およびトルコ共和国では、一九三四年に姓氏法が制定されるまで、苗字を持たなかった。本書では、登場人物の同定を助けるため、苗字を得る前であっても、名の後ろに適宜、角括弧で苗字を付した。（例）イスメト［イノニュ］

・人物の年齢については、西暦に準拠した満年齢を示した。正確な誕生日が不明の場合は、適宜検討した。たとえば、ムスタファ・ケマルの場合は、年の前半であれば誕生日を迎えているものとした。

・オスマン帝国君主について、本邦では「スルタン」と呼ぶのが慣例となっている。しかし一六世期以降の史料において君主を示すさい、「スルタン」は単独ではほとんど使用されず、上位の支配者を意味する「パーディシャー」の語が用いられるのが一般的である。そのため本書では、「パーディシャー」の訳語として使われることの多い「皇帝」の語を用いた。ただし、あくまで便宜的な用法であることをお断りしておく。

ケマル・アタテュルク

オスマン帝国の英雄、トルコ建国の父

序　章

黄昏の帝国

帝都イスタンブルを代表するアヤ・ソフィア・モスク。もともとビザンツ帝国の大聖堂であり、オスマン帝国時代にはモスクとして用いられたが、アタテュルクによって博物館となる。2020年、エルドアン大統領によってモスクにもどされた

一　危機と改革

老大国

かつて、オスマン帝国こそ、世界史の主人公だった時代があった。一二九九年頃に北西アナトリアで誕生したこの集団は、一四五三年にビザンツ帝国（東ローマ帝国）の帝都コンスタンティノープルを征服、一五一七年にはエジプトの大国マムルーク朝を滅ぼし、広大なアラブ地域を支配した。「壮麗王《マグニフィセント》」と呼ばれるスレイマン一世（位一五二〇～六六）は、イスラムの救世主にして、世界に君臨する比類なき帝王たることを自任する。ハンガリーを征服し、ハプスブルク帝国の都市ウィーンに攻め上る（第一次ウィーン包囲、一五二九年）など、キリスト教世界に大きな衝撃を与えた。

帝国の最盛期は、このスレイマン一世の時代だったともいわれる。たしかに、もっとも鮮烈な印象を後世の人々にもたらしたという意味で、黄金時代だったのは間違いない。しかし実際には、帝国の制度や経済、文化が発展し、より精緻に整ってゆくのは、彼の治世以降である。多民族、多宗徒をかかえる広大な版図に、スンナ派にもとづく法をいきわたらせ、これほどの長期間にわたる統治を実現させたオスマン帝国の支配は、近世国家としては世界史上抜きんでたものであった。

しかし一六八三年の第二次ウィーン包囲失敗が象徴するように、オスマン帝国は、軍事改革を経験したヨーロッパ諸国に徐々に後れをとるようになる。

決定的だったのは、一八世紀後半のロシアとの戦争であった。以降、オスマン帝国は、いわゆる「列強」と呼ばれるヨーロッパ諸国――イギリス、フランス、オーストリア、ロシア、そして遅れて台頭したプロイセン（ドイツ）――に軍事力のみで抵抗することを放棄し、列強のパワーバランスをうかがいながらの外交によって、国際関係を乗り切ってゆくことになる。

列強にとって、キリスト教徒臣民を多数擁するオスマン帝国の広大な領土は、自国の影響力を拡大するための角逐《かくちく》の場であった。とくに、スラヴ系民族が多数居住するバルカン半島への南下を狙うロシアと、ロシアの影響力拡大を牽制するイギリスやフランスとの対立が、しばしば繰り返された。こうしたオスマン帝国をめぐる列強の勢力争いは、「東方問題」と総称された。

建国から五〇〇余年たったこのとき、もはや昔日の大帝国の面影は失われていた。かつてヨーロッパを震撼させた、スレイマン一世時代の勢威は遠い昔となった。その姿は、新たな時代に適応できず、老いて死期を迎えた恐竜のようにも見えた。
しかし、帝国の人々は、座して滅亡を待っていたわけではない。

帝国の改革

オスマン帝国は、巨大な文明をつくりあげたイスラム世界の盟主を自任していた。そのプライドが、西洋文明が生み出した科学技術の受容を妨げたとみるむきもある。ただし実際には、はやくも一七世紀には、ヨーロッパの軍事技術の急速な進展に目を向ける動きがあり、漸進的な変化や改良が見られた。しかし、一八世紀半ばまでは、ヨーロッパにまだ決定的な敗北を被っていなかったこともあり、抜本的な改革は行われずにいた。

帝国が本格的な近代化に舵《かじ》を切ったのは、一九世紀前半のマフムト二世（位一八〇八〜三九）の治世である。

マフムト二世は、帝国政府に反抗的であった地方名士たちを従わせ、守旧派の代表であったイェニチェリ軍団（帝国軍の主力である常備歩兵）を殲滅《せんめつ》した。かわって、西洋に範をとった近代軍を創設し、指揮系統を一元化、軍事学校の拡充もはかった。省庁の創設、大使館の開設、官報の発行、さらにはイスラム世界の伝統的な衣装であるターバンに代わってトルコ帽《フェス》を着用させるなど、あらゆる面で近代化が図られたのが、この時代であった。マフムト二世がいなければ、帝国の命数はもっとはやくに尽きていたであろう。

マフムト二世に引き続いては、彼が育てた官僚たちが、「タンズィマート（再秩序化）」と総称される改革を進めた。近代的な公教育が導入され、初等・中等学校が各地に設立、官僚養成を目的とした高校も開校される。フランス法を流用した刑法や商法が導入され、近代的な制定法裁判所が設置された。

タンズィマート改革の精髄は、一八七六年に制定されたオスマン帝国憲法である。起草者の名を取ってミドハト憲法と通称される、アジア初の憲法であった。明治時代の日本がそうであったように、西洋列強にたいして自国を文明国であると認めさせるには、憲法の発布と議会の開催が必須の要件だった。ベルギー憲法やプロイセン憲法を参考に起草されたこの憲法では、帝国の領土の不可分、君主が神聖にして不可侵であること、臣民の権利や義務など、近代国家にふさわしい事項が定められた。

国際関係の苦難

一九世紀に試みられた改革の数々は、帝国を刷新し、新たな時代に適応しうる体制を整えるという、大きな成果を挙げたといってよい。一九世紀以降の帝国は、一八世紀までとはまったく異なる国家に変貌した、と評する研究者もいるほどである。

しかし、国内改革が大きく進展した一方で、国際的には厳しい状況が続いた。

帝国の心臓部たるバルカン半島では、複雑な民族・宗教構成が列強の介入を招き、一八二〇年代末にはセルビアが自治権を獲得、一八三〇年にはギリシアが独立した。

アフリカにおける領土も、次々に帝国の手を離れてゆく。エジプトでは一九世紀初頭より、総督メフメト・アリが、帝国中央に先んじて近代化を進めていた。彼は、マフムト二世によって新設された近代軍を撃破し、半独立的な政権（いわゆるムハンマド・アリー朝）を打ち立てるにいたる。しかしメフメト・アリ死後の凋落《ちょうらく》は早く、一八八二年にはイギリスに占領された。また、フランスも地中海南岸に食指を伸ばし、一八三〇年にアルジェに侵攻、一八八一年にはチュニジアを占領した。こうして、オスマン帝国のアフリカ領としては、リビアだけが残った。

一八五三から五六年、黒海北岸のクリミア半島において、ロシアと英仏のあいだで勃発したクリミア戦争は、オスマン帝国に大きな経済的負担をかけた。オスマン財政は外債に依存するようになり、一八七五年、ついに帝国政府は債務不履行を宣言、破産した。

ムスリムと非ムスリムの「平等」

列強が、オスマン帝国への介入の口実とし、帝国にとっても改革の重要な鍵となったのが、非ムスリム政策である。

もともとイスラム世界には、非ムスリムが多数居住していた。イスラムは、キリスト教徒とユダヤ教徒を、同じ一神教を奉じる「啓典の民」と位置付けている。そのため、非ムスリムにたいする強制的な改宗はまれであった。非ムスリムは、政治参加の制限、人頭税の支払い、教会新築の禁止などさまざまな条件を課される一方で、信仰の自由と一定の自治を保持していた。これは、異教徒の居住や生存が保障されない前近代のヨーロッパと比較すると、相対的に「寛容」と呼びうる制度だったといえる。

帝国の中核のひとつをなすバルカン半島でキリスト教徒といえば、イスタンブルに総主教座を持つ正教徒が、その代表であった。しかし、その多数派を占めるギリシア人との民族的な対立から、一八七〇年にはブルガリア教会が分離している。言語と宗教は単純に一致せず、ブルガリア語を母語とするムスリムであるポマク人、セルビア・クロアチア諸語を母語とするムスリム（のちのボシュニャク人）なども居住し、この地域の人的構成を複雑にしていた。

帝国のもうひとつの中核たるアナトリアにおいては、ルーム・セルジューク朝の時代（一〇七五〜一三〇八年）から続くトルコ化・イスラム化の影響で、ムスリムが多数を占めていた。しかし、歴史的にこの地に多数居住するアルメニア教徒は、正教徒に次ぐ非ムスリム共同体として存在感を持っていた。そのアルメニア人の一部は、ヨーロッパ諸国による宣教の結果、カトリックに改宗し、アルメニア・カトリックという共同体を構成していた。黒海南岸の一帯には、トレビゾント帝国以来のギリシア系正教徒が居住していたし、正教徒でありながらトルコ語を母語とするカラマン人と呼ばれる人々もいた。

彼らキリスト教徒臣民は、オスマン社会において不平等な立場を甘受せざるをえなかったが、一八世紀以降、ヨーロッパの経済的な影響力が増加してくると、ヨーロッパ商人と連携し、経済的な成功をおさめるようになる。ヨーロッパ諸国が帝国各地にミッション・スクールを開校すると、現地のキリスト教徒はこれにこぞって通いはじめ、ムスリムに比して高い教育を受けるようになった。

さらに問題を深くしたのは、西洋列強が、非ムスリムの処遇を改善するよう、圧力をかけたことである。帝国政府は、それにこたえるため、一八五六年に改革勅令を発布した。非ムスリムの政治参加に道を開き、法的にムスリムと非ムスリムに同等の権利を与え、非ムスリムへの侮蔑表現の禁止を定めたこの勅令は、これまでイスラム世界において一〇〇〇年以上も守られてきた掟を踏み越えるものであった。オスマン帝国憲法においても、すべての臣民は宗教を問わずオスマン人であり、自由かつ平等であると定められている。

こうして、建前としては、諸宗教の平等が達成された。この平等が、列強の圧力によって導入されたのは確かである。しかしその一方で、多数の非ムスリムを抱える帝国にとって、彼らを主体的に国政にかかわる臣民として取り込むメリットは大きかった。ムスリムと非ムスリムの平等は、圧力だけではなく、帝国の新たな試みの成果でもあったとみなすべきである。宗教を問わず、あらゆる臣民をオスマン国民とみなして平等に統合するというこの方針は、一般に「オスマン主義」とよばれる。

とはいえ、平等を現実のものとするには課題が多く、手放しで賞賛できる状況ではなかった。ムスリムは、経済的に劣位に置かれていたうえ、制度的にも非ムスリムと同等の立場となったため、大きな不満を抱くようになった。一方の非ムスリムは、真に彼らの権利が保障されるのか、不信感をぬぐえずにいた。

平等の内実を備えるためには、時間をかけ、粘り強く両者のあいだの亀裂を埋めてゆく必要があった。曲がりなりにも平等を旗印とし、利害を調整しつつ共存するという経験が、以降のオスマン帝国において蓄積されれば、「平等のもとでの共存」といいうる社会が実現したかもしれなかった。

ナショナリズムの登場

キリスト教徒だけではなく、ムスリムも多様であった。その大多数はスンナ派を奉じていたが、アナトリアにはシーア派的傾向を持つともいわれるアレヴィー派のムスリムもすくなくなかった。

民族は、さらに複雑であった。代表的なムスリムの民族としては、トルコ人、アラブ人、クルド人、アルバニア人がまず挙げられるだろうか。

一九世紀は、「ナショナリズムの時代」だともいわれる。ヨーロッパの各地で、他民族の支配下にある民族が「覚醒」し、自分たちの国を目指して蜂起した。前述したセルビアの自治権獲得やギリシアの独立には、当時隆盛しつつあったナショナリズムの潮流が、一定の影響を与えている。

しかし、オスマン帝国のムスリムにとって、主たるアイデンティティは宗教に置かれており、民族は副次的な属性であった。だから、同じムスリムであれば、そしてオスマン帝国人士としての教養と共通語であるトルコ語さえ身に着けていれば、彼我の民族差はほとんど意識されなかった。

ゆえに、ムスリムたちがナショナリズムに目覚めるのは、キリスト教徒臣民に比して遅かった。ムスリムのうち、アラブ人やアルバニア人にかんしては、一九世紀後半に民族主義者が現れ、民族的覚醒を促すようになる。しかしトルコ人についていうと、同じころトルコ文化に着目する知識人が登場するものの、政治的な影響力はもたなかった。トルコ主義が明確な政治的潮流となるのは、一九一二年のバルカン戦争以降である（六四頁）。クルド人となるとさらに遅く、トルコ共和国建国後のこととなる。

二　前　夜——世紀末のバルカン

抑圧と発展

一八七六年末、オスマン帝国憲法が発布され、その翌年に議会が開設される。第一次立憲政と呼ばれる時代が始まった。

しかし、その生命は、短かった。

一八七七年、ロシアがオスマン帝国に宣戦を布告、ロシア軍は帝都イスタンブルに迫る勢いで進軍した。この非常事態を受け、即位したばかりのアブデュルハミト二世は、一八七八年に憲法の停止を宣言、議会を閉鎖した。危機に対応するべく、みずからに権力を集中させるためであった。だが、戦争が終わってのちも、憲法と議会は三〇年にわたって再開されることはなかった。帝国初の立憲政は、わずか一年で幕を閉じたのである。

三三歳で即位したアブデュルハミト二世は、オスマン帝国で最後の、存在感を持つ皇帝であった。皇子時代より農園や鉱山の経営にたずさわり利益を上げるなど、優れた手腕を見せた彼は、即位後もその有能さを発揮した——ただし、専制政治というかたちで。

アブデュルハミト2世

彼は議会を停止したのみならず、総理大臣というべき大宰相の権限を縮小させ、有能だが政治的野心を持たないテクノクラートを重用することで、みずからに権力を集中させた。また、暗殺を恐れユルドゥズ宮殿に籠りつつ、帝国全土にスパイ網を張りめぐらせ、密告を奨励した。政治的な新聞や書籍は検閲され、国外からの情報、とくに啓蒙主義や立憲主義にかかわる書籍は、専制をゆるがすものとして厳しく制限された。

立憲主義や自由主義の観点から見ると、彼の治世はまぎれもなく「暗黒時代」であった。しかしこの時代は、物質的な近代化が大きく進展したことでも知られる。鉄道、郵便、電信などの各種インフラが整備され、教育制度はタンズィマート時代よりも大きく拡大した。政治的な出版物は弾圧されたが、政治とかかわらない文化的な出版は、むしろ隆盛した。アブデュルハミト二世は、現代ならば「開発独裁」ともいえる手腕で、帝国の発展と近代化を強力に主導したのだった。

イスラム主義

アブデュルハミト二世のイデオロギー政策は、イスラムを積極的に国民統合に用いるというものだった。広大なオスマン帝国領には、ムスリムとはいえ、正統的なスンナ派とはいえない、あいまいな宗教的信条をもつ人々が遍在していた。彼らを正しく教化することで、より緊密な支配体制を築くことが目指されたのである。ただし、このイスラム主義は、あくまでムスリム臣民の統制強化に用いられたのであり、非ムスリムにたいして抑圧的なものではなかった。

オスマン帝国皇帝の「カリフ」としての性格を、これまでになく強調したのも、彼である。カリフとは、もともと「預言者ムハンマドの代理人」の意味であり、すべてのスンナ派ムスリムを統《す》べる指導者として、精神的権威をもつ位であった。オスマン帝国の君主は、一六世紀ごろから、みずからをカリフであると自任し、イスラム的権威を身にまとうようになる。

アブデュルハミト二世は、皇帝のもつカリフたる性格を喧伝することで、みずからの正統性を強化したのである。

彼のイスラム政策は、国外にもおよんだ。彼は、アジアやアフリカのムスリム諸国に使節を派遣し、カリフとしての影響力をアピールした。列強がかかえる植民地には、イギリス支配下のインドを筆頭に、ムスリム住人が多数居住する国もあった。そのため、アブデュルハミト二世は、カリフとしての宗教的権威を外交カードとして用いることができた。こうした彼の政策は、汎イスラム主義と呼ばれる。

とはいえ、アブデュルハミト二世の汎イスラム主義は、あくまで帝国の立場を強めることを目的としており、国益に反してまで、国境を越えたムスリムの連帯を目指したわけではなかった。汎イスラム主義の国際的活動家であったアフガーニーが帝国を訪れたさい、アブデュルハミト二世は彼の過激さを警戒し、死ぬまで軟禁したのはその証左である。

対外関係

露土戦争の結果、オスマン帝国が最終的に締結したベルリン条約（一八七八年）は、過酷な内容であった。この条約では、これまで帝国の属国あるいは自治国であったセルビア、ルーマニア、モンテネグロが独立し、ブルガリアが自治を獲得、オーストリアがボスニア・ヘルツェゴヴィナを実効支配した。オスマン帝国はヨーロッパ側の領土を大幅に縮小させ、多数のムスリムが帝国領内に難民として流入する。

激動の始まりであったアブデュルハミト二世の治世であったが、以降彼は、列強との衝突を可能な限り避ける政策に徹した。後述するギリシアとの戦争（三一頁）をのぞくと、対外的な戦争は実質的に発生しなかったといえる。

動乱の予兆

しかし、表面上は安定していたかに見えたこの時代においても、いくつかの火種がくすぶっていた。これが徐々に燃え広がり、アブデュルハミト二世の専制体制を、そしてオスマン帝国そのものを大きく揺るがすようになる。

その最大の火種は、バルカン半島西部の帝国領たるマケドニアにあった。

マケドニアは、ギリシア、ブルガリア、そしてセルビアといったキリスト教諸国に囲まれ、かつトルコ人、アルバニア人、ギリシア人、ブルガリア人、セルビア人が居住するという複雑な民族構成をもつ地域である。周辺諸国は、マケドニア内に居住する自民族の保護を名目に、陰に陽に干渉し、小規模な武装集団による衝突も珍しくなかった。帝国政府は、マケドニアやトラキア（イスタンブルとマケドニアの中間、エディルネを中心とする地域）に正規軍を展開させ、治安維持に努めたが、一触即発の不安定な状況が続いた。この状況は、治安維持に従事する若手将校たちに、改革の必要性と、必要とあらば暴力への訴えも止む無しという心理を涵養《かんよう》することになる。

本書の主人公であるムスタファ・ケマルが生まれ育ったのは、このマケドニアの中心都市のひとつ、サロニカであった。

第一章

ケマルと呼ばれる少年

——1881〜1904年

士官学校参謀科卒業時のケマル。のちに彼が廃止することになるトルコ帽（フェス）を着用している

一　誕生

サロニカという町

エーゲ海北岸の港町、サロニカ。

現在はギリシア領であり、テッサロニキと呼ばれている。しかし歴史的には、長らくサロニカ（セラーニク）の名が用いられてきたため、本書でもそう呼ぶこととしよう。かつて世界を席巻したアレクサンドロス大王の生地は、この近郊である。ローマ帝国の時代より、バルカンの要地であったこの都市は、オスマン帝国にとっても特異な位置づけを持っていた。

ひとつは、その際立った多様性である。まず、一〇万を超える人口の約半数、五万人ほどがユダヤ教徒だという、帝国のみならず世界的にもきわだった特徴があった。ムスリムはユダヤ教徒の約半数となる二万五千人、キリスト教徒は一万ほどである。ムスリムのなかには、デンメと呼ばれる、一七世紀にイスラムへと形式的に集団改宗したユダヤ教徒たちも含まれていた。

帝国臣民だけではない。煙草貿易により、近代に急速な経済発展を遂げたこの都市に滞在する外国人は、じつに一万五千人を超えていた。

　サロニカは、多民族・多宗教国家たる帝国の縮図にして、帝国屈指の西洋文明に開かれた「窓」だったのである。

誕生

　下級官僚アリ・ルザーの妻ズベイデが、息子ムスタファを産んだのは、財務暦の一二九六年であった。当時のオスマン帝国では、太陰暦のヒジュラ暦と、太陽暦の財務暦が併用されていた。

　財務暦一二九六年のいつだったかについては諸説あるが、もっとも有力なのは、息子が生まれたのは「冬」だったとするズベイデの回想である。財務暦一二九六年の冬は、西暦では一八八〇年から一八八一年にあたるが、このどちらの年なのかは、不明だと言わざるをえない。

ズベイデ

　当時のムスリム家庭では、子が生まれたさい、各家庭に必ずひとつはあった、イスラムの啓典クルアーンに誕生日を記す慣例があった。しかし、ルザー家のクルアーンは失われてしまったため、正確な誕生日はわからなくなってしまった。誕生日を覚えていないというと、現代の感覚からは奇妙に思われるかもしれない。しかし乳幼児死亡率が高い当時、誕生日を重視しないのは、さほどおかしなことではなかった。

ムスタファ・ケマルは、長じてのち、必要があるときはたんに「一二九六年」という生年のみ記し、月日についてはとくに触れなかった。本書では、慣例に従い、彼の生年を西暦一八八一年としておく。

なお晩年の一九三六年、外交儀礼上の必要から、国民闘争でサムスンに上陸した日である五月一九日（一二三頁）を誕生日とした。トルコ共和国では現在、この日は「若者とスポーツの日」という祝日に定められ、毎年盛大に祝われている。

アタテュルクの生家

父と母

アリもズベイデも、際立った名家ではないが、サロニカ周辺に古くから住む一族の出身であった。一三世紀、オスマン帝国は、アジア側からダーダネルス海峡を渡り、バルカン半島征服にのりだした。そのさい、アナトリアのトルコ系遊牧民がバルカン各地に移住し、征服活動に参加した。そうした遊牧民の末裔が、アリやズベイデの祖先だったようだ。

ただし、母方の親戚にアルバニア系の人物がいたとも伝わっている。たしかに、ムスタファの金髪碧眼は、バルカンの住人の血が入っていることをうかがわせる。世代を重ねるなかで、現地の人々と交わりがあったことを否定するのは、難しいだろう。

アリは、税関の下級官吏であった。しかし、公務を実直に務めるだけでは、豊かな生活を手に入れることが難しい時代でもあった。アリは、もともと商才があったのであろう。職権を生かして材木の取引に手を出しひと財産をもうけ、サロニカ市街に瀟洒《しょうしゃ》な屋敷を購入し移り住んだ。いま、トルコ共和国領事館の敷地内にある、博物館となっている建物である。トルコ人観光客が足しげく訪れるこの家は、一般にムスタファの「生家」とされている。ただし、実際の生家はこの前に住んでいた家だという説もある。アリは、乳母や黒人の使用人も雇っていたというから、そこそこ裕福な中産階級として成功していたといえよう。

アリとズベイデ夫妻は、ムスタファに先んじて、娘をひとり、息子をふたりもうけていたが、いずれも早世している。そのため、ムスタファの生誕と、彼が大過なく成長したことは、夫婦にとっておおきな喜びであったろう。ムスタファに続いては、娘がふたり生まれているが、無事に育ったのは上の娘マクブレだけであった。

マクブレ［アタダン］

最初の教育

アリの一族は、クルアーン暗唱者《ハーフィズ》を輩出していることからわかるように、敬虔なムスリムだった。しかしアリ自身は、新しい時代の気風を受けて育った、近代と進歩に価値を見出す人物だったようだ。一八七六年には、立憲政治を求めて蜂起した義勇兵に加わり、イスタンブルへの行軍に参加したという説もある。そのアリは、息子ムスタファに、新しい時代にふさわしい教育を与えようと考えた。

当時のオスマン帝国には、伝統的なイスラム教育機関である寺子屋《マクタブ》とイスラム学院《マドラサ》がある一方、西洋に範をとった近代的な新式学校も、新たに設立されていた。

ズベイデは、アリに反対した。彼女は、けっして蒙昧ではなく、読み書きを身に着けた、当時としては十分な教養をもつ女性であった。それでもなお、伝統的な教育を好ましく考え、息子を寺子屋に通わせるべきだと主張したのである。

結局、ムスタファ少年は母の意向に従い、寺子屋に通うことになる――ただし、ほんのわずかのあいだ。

教師に先導され、イスラムの聖典クルアーンを掲げて行進する入学の儀礼を終えた少年は、数日で転校し、シェムスィという人物が教鞭をとる学校に通うようになる。デンメであるシェムスィは、アラビア語やペルシア語のみならずフランス語をよく解し、サロニカで洋式の学校を開いた先駆者のひとりであった。

父は、ムスタファがこの学校で学ぶのをことのほか喜び、「ひとかどの人物になるには、学ばなくてはならない。ほかの方法はないぞ」と、息子を激励したという。

父の死

サロニカでの幸せな少年時代は、長くは続かなかった。

アリにひと財産をもたらした材木取引は、治安の悪化と山賊の横行により、頓挫していた。彼は失意のあまり過度の飲酒にはしり、五〇歳前後という若さで亡くなった（一八八八年もしくは一八九三年）。ムスタファが一〇歳ごろのことである。

寡婦となったズベイデは、サロニカの屋敷を手放し、幼いムスタファとマクブレを連れ、兄が働く近郊の農園に身を寄せた。

父の死は、ムスタファ少年にとっておおきな衝撃であったが、伯父は優しく、ムスタファたちは農園での暮らしになじんでいった。妹とともに畑を見回り、鳥を追った日々を、後年、彼は懐かしく思い出している。

だが、そこでの教育は、少年には物足りなかった。まず近郊のギリシア人学校に通い、のちに農園にいた学識者に学んだが、まったく満足できなかったのである。そこで少年は、サロニカ在住のおばを頼って、サロニカに戻り高等小学校に通うことにした。農園暮らしは、半年ほどで終わった。

しかし、ここでの学びも短かった。「暴君」とあだ名された教師が、ほかの生徒と喧嘩をしたという理由でムスタファを激しく殴打し、少年は血まみれになってしまう。これに驚いた祖母は、学校をやめさせたのだった。

ムスタファ少年は、誰かに頭を下げるのを嫌うあまり、馬跳びで遊ぶことすらしなかった、と伝わるほどの負けず嫌いである。彼は屈辱のあまり、四日間、家に引きこもった。

幼年学校へ

ムスタファ少年は、あてもなく退学したわけではなかった。祖母の家の近所には、カドリ少佐という隣人がおり、その息子は陸軍幼年学校に入学したばかりであった。彼の制服姿をうらやましく思ったムスタファは、軍人への道を歩む決心をしていたのである。

かつて義勇兵となった経験のある父アリは、ムスタファが生まれたとき、剣をゆりかごの端に吊るし、軍人になることを祈願したという。いかにも作り話めいた逸話であるが、少年が軍人を志したのは、父の遺訓もあったかもしれない。

しかし母ズベイデは、息子が危険な職業に就くことを望まず、アリのように商人になることを勧めた。それにたいしてムスタファ少年は、これも彼の性格として知られる、意志の強さをみせる。母に内緒でサロニカの幼年学校を受験し、みごと合格したのである。

少年ひとりでできることではないから、受験にあたっては、カドリ少佐の助力があったのかもしれない。事ここにいたっては、母も息子の進路を認めざるをえなくなった。入学年には諸説あるが、ここでは一八九四年だったという説を採用しておこう。ムスタファが一三歳のときであった。

幼年学校には、サロニカでの隣人にして親戚である、同い年のサリフ［ボゾク］、一歳下のヌーリ［ジョンケル］も入学している。サリフとヌーリは、これ以降、ムスタファとほとんどの学校と戦場をともにする。ふたりとも要職を担うことこそなかったが、ムスタファに忠誠を尽くす、生涯の友人であった。

「ケマル」のあだ名を得る

ムスタファ少年は、入学早々頭角を現した。数学やフランス語の科目で優れた成績を収め、生徒のリーダー的な存在となったのである。ただし、書道は苦手だったようだ。

少年が、「完璧な」という意味をもつ「ケマル」というあだ名で呼ばれるようになったのは、このころである。よく知られた説によれば、やはりムスタファという名の教師が、自分と少年を区別するために、この並み外れた才能を発揮した少年を「ケマル」と呼ぶようになった、

サリフ［ボゾク］

という。

しかし、現在よりはるかに権威的な存在であったこの時代の教師が、はるか年下の少年におもねるようなあだ名をつけるというのは考えにくい、という指摘もある。

ほかの説としては、教師ではなく同名の同級生と区別するためにこのあだ名をとった、あるいは愛国の詩人ナームク・ケマル（一八四〇～八八年）にあやかって自称した、というものがある。

思想家にして詩人、戯曲家でもあったナームク・ケマルは、当時の政権に疎まれ不遇をかこったが、立憲主義と愛国主義を唱え、多くの賛同者を得た人物であった。あだ名の由来になったかどうかはともかく、ナームク・ケマルが、われらがムスタファ少年の心に、新しい思想への霊感を与えたのは確かなようだ。

とまれ、少年は「ケマル」の名を帯びる。本書でも、以降、彼を「ケマル」と呼ぶこととしよう。

予科士官学校への進学

ケマルは、一八九六年一月に、サロニカの幼年学校を卒業した。席次は、四〇数名のうち四番だった。卒業後ケマルは、サロニカを離れる決意をしていた。

そのころ、母ズベイデはサロニカに戻り、ラグプという煙草専売社の職員と再婚していた。

遺族年金は少額であり、当時の社会状況を考えると、寡婦がひとりで家族を養い続けることは、難しかったのである。やはり配偶者を亡くしていたラグプには、連れ子が四人——息子がふたり、娘がふたりいた。ケマルは、新しい兄弟たちとも親しく付き合った。また、まもなく生まれることになるラグプの姪フィクリエとは、のちに浅からぬ関係を結ぶこととなる。

ケマルと継父との仲は、悪くはなかったようだ。とはいえ、これまで家族唯一の男性であり、その支柱であることを自負していたケマルは複雑な心境を抱いた。母の再婚後、ケマルは、おばの家に入りびたるようになった。ケマルがサロニカから離れたのは、こうした家庭状況が影響を与えたともいわれる。

ケマルは、進学先として当初はイスタンブルを望んだが、最終的にはマナストゥルの予科士官学校に進学することとなった。

マナストゥルは、現在は北マケドニア共和国に属し、ビトラと呼ばれる。当時の人口は三万人。一〇万都市のサロニカにはおよばないが、マナストゥル州の州都であり、十分に繁栄していたといえよう。オスマン帝国にとっては、ヨーロッパ側の戦略的拠点として、重要な都市であった。

教養をつちかう

サロニカからマナストゥルまでは、開通したばかりの鉄道で一〇時間の旅となる。ケマルも、この鉄道に乗ってマナストゥルを訪れたはずである。

予科士官学校においてケマルは、軍人としての道に立ちはだかる、大きな危機に直面した。それまで興味のなかった、文学への憧憬である。

このときケマルは、文学に造詣の深い友人の影響で、詩作と文学への情熱を掻き立てられ、いっとき詩人を志しすらしたのだった。しかし教師に、よき軍人たるには文学は不要だと諭され、その理を認めたケマルは、詩人への道を諦めることになった。

ただし、ケマルの文才は失われることはなかった。のちに陸軍士官学校に進学してからも、禁書とされたナームク・ケマルの著作をこっそりと読み、彼の愛国をうたった詩を、友人とともに暗唱している。政治家となったさいに発揮された修辞と演説の才は、このころから養われたといってよかろう。

ケマルは、引き続き数学で好成績を収めたほか、歴史の授業にも深い関心を示した。フランス革命やトルコ史を教授した当時の教師にたいして、後年ケマルは、「私は彼に借りがある。彼は、新しい地平を開いてくれたのだ」と語っている。大統領に就任したのち、彼が開陳した歴史文明論（二三九頁）は、すでにこのころから胚胎されていたのだった。

勤勉な学生であったケマルは、長期の休暇で帰郷したさいにも、サロニカのフランス系学校に通い、当時の国際語たるフランス語の習得に磨きをかけることも怠らなかった。ここでは、社交に重要な教養とされるダンスを学び、学友に教えてもいる。

休日には、学友と街に繰り出し、カフェで議論を交わし、バックギャモンに興じることもあった。現在のトルコの街角でも、よくみられる光景である。ただ、生来の負けず嫌いであったケマルは、このゲームをあまり好まなかったという。

生涯の友人にして同志となるアリ・フェトヒも、同じ予科士官学校に在籍していた。ケマルより一歳年長で、温和な性格であった彼は、マナストゥル近郊の出身で、アルバニア系だった。彼らは、カフェ・バー《ガズィノ》で出会い、意気投合したのである。

ギリシアとの戦争

一八九七年、オスマン帝国にとって久方ぶりの戦いが勃発する。クレタ島をめぐるギリシア王国との戦争であった。クレタ島は一七世紀以来オスマン領となっていたが、ギリシア系住人が多く、ギリシア王国にとって「奪回」したい土地だったのである。

アリ・フェトヒ［オクヤル］

これは、ケマルたちにとっては、はじめて経験する国際的な戦争であった。彼は従軍を志願したが、若すぎるという理由で却下されてしまった。

一九世紀よりこの方、オスマン帝国軍は、イギリス、フランス、オーストリア、ロシアといった列強の軍隊にたいしては、もはや歯が立たなくなっていた。しかし、一八三〇年にオスマン帝国から独立した小国であるギリシアにたいしては、さすがに後れを取ることなく、これを圧倒した。しかし、アテネ占領も確実視されていたおり、アブデュルハミト二世は、列強の介入に応じて、停戦命令を下す。その結果、帝国がこの戦勝から得たものは、ほとんどなかった。

にもかかわらず皇帝は、これを輝かしい勝利だとして喧伝することを怠らず、「皇帝陛下万歳《パーディシャーフム・チョク・ヤシャ》！」を唱える戦勝記念の祝祭が、各地で催された。友人ヌーリが、「こんなのはおかしい、無念だ、なんて無念なんだ」と慟哭するかたわら、ケマルはこの空騒ぎを、醒めた目でみていたという。

二　士官学校の青年

陸軍士官学校へ

ケマルは、一八九八年一一月に予科士官学校を次席で卒業し、翌年、帝都イスタンブルへと上京した。陸軍士官学校に進学するためである。

一四五三年、オスマン帝国の第七代君主メフメト二世は、ビザンツ帝国の首都コンスタンティノープルを征服した。以来この都市は、徐々に「イスタンブル」と呼びならわされるようになり、オスマン帝国の中心となった。一九世紀末のイスタンブルは、七〇万の臣民（うち四割が非ムスリム）と一〇万の外国人をかかえる、世界最大級の都市であった。

　そのイスタンブルのヨーロッパ側、新市街のシシュリ区にそびえたつ勇壮な建物が、陸軍士官学校である。現在は軍事博物館として用いられているこの学校は、帝国軍の将来を担う人材を育成する、まごうことなきエリート校であった。

学友たち

　この時期の士官学校には、帝国末期と共和国初期に活躍する、錚々《そうそう》たる面々が在籍していた。まさしく彼らは、「革命の世代」といえる。もちろん、彼らはまだ、待ち構える運命を知る由もない、血気盛んな若者たちにすぎなかった。

アリ・フアト［ジェベソイ］

　彼らのうち、ケマルのもっとも親しい友となったのは、アリ・フアト［ジェベソイ］である。彼は、イスタンブルの参謀本部に勤める父イスマイル・ファズル将軍をはじめ、軍人一家に生まれた。ファズルは息子の親友をいたく気に入り、ケマルをことあるごとに屋敷へ招待した。ケマルは、当初はやや気後れしていたようだ。後年の彼の姿からみると信じがたいが、ケマル青年は恥ずかしがり屋であったのだ。ファズルは、ケマルを息子同然に扱い、ビールを飲みながら交流を深

ムーサ・キャーズム・カラベキル

めた。
ラクの味を覚えたのも、ファズルの持つ別荘でのことである。ラクは、アニスで香り付けした蒸留酒であり、水で割ると白濁することから「ライオンのミルク」とも呼ばれる。それまでビールしか知らなかったケマルは、この地酒をいたく気に入り、「なんて素晴らしい酒だ……ラクは人を詩人にする」と上機嫌でファトに語っている。

高名な軍人の子弟であったファトには、すでに知己の同窓がいた。代々軍人の家系であるキャーズム・カラベキルである。ファトは、ひとつ下の学年に在籍するカラベキルと再会すると、たちまち意気投合し、ケマルにも引き合わせた。カラベキルはのちに、ケマルのもっとも力強い味方にして、政敵となる。なお、当時のオスマン帝国の人々は姓を持たないのが一般的だったが、名家は実質的な家名を持っていた。「カラベキル」もそうであり、のちに姓氏法が制定されたさい（二四四頁）も、彼はこれを姓としている。

ケマルとファトの同学年には、次に述べるエンヴェルの年少のおじで、第一次世界大戦で健闘するハリル［クト］、国民闘争で活躍する名将ファフレッティン［アルタイ］、ケマルの側近を務めたアユジュ・アリフが在籍していた。

「神かけて、俺より君に相応しい友人はいないさ」とケマルに話しかけたアリフは、ケマルと瓜ふたつの容貌であり、兄弟とみまがうばかりだった、とはファアトの弁である。

ケマルの二学年上には、青年トルコ革命で一躍英雄の座を勝ち取るエンヴェル、国民闘争の元勲のひとりレフェト［ベレ］が在籍していた。そして二学年下には、生涯にわたってケマルの右腕となるイスメト［イノニュ］も入学している。ただし彼らは、ケマルとは学年が離れていることもあり、在学中はさほど親しく付き合うことはなかった。

入学前からの友人であるフェトヒ、サリフ、ヌーリは、ケマルと相前後して士官学校に入学している。

学生だけではない。もちろんケマルは、彼らとも変わらぬ友誼を続けた。

国民闘争中期以降、イスメトとともにケマルを支えたフェヴズィ［チャクマク］は、ケマルより五歳年長であった。彼はいっとき士官学校で教鞭をとっており、ケマルたちに教えている。

一八七〇年に起こった普仏戦争について、

アユジュ・メフメト・アリフ

帝都でのスクール・ライフ

入学当初、ケマルはあまり勉学に力が入らず、読書に耽溺していたという。その理由はつまびらかではないが、また文学への憧憬が復活したのだろうか。

とはいえ、第一学年時の成績は七〇〇余人中二七位だったというから、悪くないといえよう。その後は講義に集中するようになり、第二学年では一一位、第三学年では八位に席次を上げている。

士官学校のある地区から少し南に下ると、イスタンブル随一の繁華街、ベイオール区である。学生の飲酒は禁じられており、官憲や関係者に見つかると厳しく罰せられる恐れがあった。しかし、青年たちは、あの手この手で帝都での学生生活を謳歌した。

彼らが常連となった店は、退役したドイツ人士官一家が経営するビアホールであった。ベイオールの入り組んだ路地の奥に位置する、隠れ家のようなこの店は、官憲もほとんど寄り付かないため、安心して飲むことができた。また、やはり行きつけであったアルメニア人「ジョン将軍」の経営するイギリス・レストランでは、スコッチの炭酸割りをあおった。ケマルの傍らにはいつもフアトがおり、アリフやカラベキルが同行することもあった。

ある暑い夏の夜、どうしても屋外で飲みたくなった彼らは、酒も供するカフェに繰り出した。給仕にチップをはずみ、檸檬《レモン》水のコップにウィスキーを注がせ、ストローで飲むことにしたのである。

ところが、なんとその店で、彼らは学長一行と出くわしてしまう。学長に同行していたのは、皇帝のスパイとして悪名高い将軍だった。学生たちは、罰を受けるものと覚悟したであろう。しかし学長は、ケマルらの不品行に目をつぶったうえで同じテーブルに座らせ、「学生たちと同じもの」を注文し、歓談したのである。それどころか、ショーをみせる高価なレストランへ連れていってご馳走し、門限も不問にしたという。粋な計らいというべきか。

ケマルたちは、イスタンブル屈指の行楽地であるプリンスィズ諸島にも、しばしば訪れた。ある週末、イスタンブル本土に戻る連絡船の最終便を逃し、ケマルとともに松の木の下で夜を明かしたことを、ファトは回想している。

自由主義を求める

士官学校の学生には、西洋式のエリート教育がほどこされた。政府は、彼らに純粋な軍事技術のみ習得させることを意図していた。しかし、進取の気風に満ち、将来の帝国を導く存在であると自負する若者たちが、西洋の技術のみならず思想をも受容しようとするのは、避けられなかった。

アブデュルハミト二世時代は、政治的あるいは思想的な抑圧がある一方で、物質的な近代化が進んだ時代だったという評価が定着している。しかし、物質的な豊かさだけでは、理想に燃える若き学生たちに、皇帝専制にたいする批判を止めさせることはできなかったのである。

ケマルたちも、例外ではなかった。フランス革命の人権宣言をひそかに回し読み、権利と自由について友人たちと議論することで理解を深めたケマルは、祖国の将来について論じた雑誌を、ファアト、そして年長であるが同期のミュフィト［オズデシュ］ら有志とともに発刊したのだ。もちろん、学校当局には秘密である。

しかし彼らの動向は、宮廷の諜報機関——アブデュルハミト二世は帝国のあらゆるところにスパイ網を張りめぐらせていた——の知るところとなる。学長は、保身のためか、あるいは有為の人材である若者たちを守るためか、公式にケマルたちを罰することはせず、叱責と活動停止という処分で、この件を終わらせたのだった。

参謀科への進学

一九〇二年に既定の課程を修了したケマルは、少尉に任官されるとともに、成績優秀者上位四〇名にのみ許される、参謀科（第二次立憲政時代には「陸軍大学」に改組）への進学を勝ち取った。もし進学できなければ軍人を諦め別の職に就こう、とすら思いつめていたケマルであったが、願いはかなった。エリート将校への道が、ここで開かれたのだった。

ケマルは、エリートコースの青年将校として、着実に段階を踏んでゆく。一九〇三年には中尉、一九〇四年一一月には、卒業試験に合格して大尉となり、任命を待つばかりとなった。席次は、第六位であった。なお参謀科の卒業試験に合格した学生は、准将まで位階に「参謀」が付されるが（たとえば「参謀大尉」）、煩瑣なため本書では省略することとする。

彼は学外でも、ドイツ語やフランス語を積極的に学んだが、これは将校に必要な能力であると考えたためであった。

帝国陸軍の編成

参謀科を卒業したケマルたちは、退寮したのち、アパートを共同で借り、任官を待っていた。ここで友人たちと、祖国の将来について議論を交わしていたのである。

ケマルは、第三軍への任命を希望していた。

当時のオスマン帝国陸軍の組織と編成について、簡単に説明しておこう。帝国陸軍は、規模の大きい順に「軍」「軍団」「師団」「旅団」「連隊」「大隊」に編成されている。そのうち、最大の「軍」は当時六つ存在した。

第一軍は、帝都イスタンブルを守護する近衛軍である。

第二軍は、ブルガリアと相対するトラキア地方に配され、司令部はエディルネにあった。

第三軍は、バルカン西部のマケドニア地方を任地とする。ギリシアやセルビアをはじめ、バルカン諸国に囲まれる要地にあり、マナストゥルを司令部とした。

第四軍は、東アナトリアのエルズィンジャンに司令部を置き、ロシアにたいする防衛を担う。

第五軍と第六軍はアラブ地域にあり、前者がダマスカス、後者がバグダードに司令部を置いた。

ただし各軍の任地は、時期によって変化することも付け加えておく。

ケマルが第三軍を志望した理由は、ひとつには故郷サロニカやなじみ深いマナストゥルが、マケドニアに属していたからであろう。もちろん個人的な理由だけではない。帝国にとって、そして自由主義を求める運動にとって、マケドニアが要地であることを認識していたからである。

マケドニアは、オスマン帝国においてもっとも近代化が進み、経済も発展している地域であった。その一方、民族構成が複雑であり、ブルガリア、セルビア、ギリシアの干渉につねにさらされていた（一六頁）。マケドニアの安定こそが帝国の命運を左右するというのは、彼ら若手将校にとって共通認識だったのである。実際、エンヴェル、フェトヒ、カラベキル、そしてイスメトら参謀科卒のエリートたちは、みなヨーロッパ側の第二軍や第三軍に任命され、当地の安定のための任務に就いている。

望まぬ任地へ

任官に期待を膨らませたケマルとファアトは、帝都一流の仕立て屋「金の鋏《アルトゥン・マカス》」に、軍服を注文した。仕立てが終わったと知らされたファアトが、店に取りに行ったときである。出来栄えに感激するファアトに、店主は言った。

「あなたの学友ムスタファ・ケマル大尉も、昨日来るはずだったのですが、いらっしゃいませんでしたよ」

　これを聞いたファトの脳裏に、嫌な予感がよぎった。

　はたして、アパートに急ぐファトを、官憲が拘束した。このとき、アルメニア人による皇帝暗殺未遂事件が起きており、ケマルらは、この事件への関与を疑われたのである。もちろん、在学中の政治活動のため、もともと目を付けられていたのであろう。

　こうしてケマルとファトは、士官学校の一室に拘束され取り調べを受けることになった。拘禁は、ファトは二〇日間、リーダー格であったケマルは三〇日間におよんだという。ようやく釈放されたケマルであるが、リビアへ流刑になる可能性が仄めかされると、ヨーロッパに亡命する可能性を探ることになる。実際、のちに汎トルコ主義の活動家として知られるようになるユスフ・アクチュラは、参謀科在籍中にその政治活動を問われリビアに送られている(その後フランスへ脱出)から、杞憂とはいえなかった。

　しかし結局、ケマルは許され、亡命することはなかった。ケマルたちに好意的な学長や、ファトの父ファズル将軍の尽力もあったろう。

　かわってケマルには、シリアの第五軍に赴任するよう、命令が下った(一九〇五年一月一一日)。希望に反する第五軍への任命は、宮廷の干渉の結果であり、懲罰の意味も込められていた。赴任にあたって彼は、任地を離れないようにとの念書を書かされている。

　ケマルにとっては屈辱的な仕打ちだったろうが、いずれにせよ、帝都での学生生活は、こうして終わりを告げた。

第二章

ガリポリの英雄

——1905〜1918年

ガリポリの戦いでのケマル。日光をさえぎることのできる実用的なエンヴェリエ帽は陸相エンヴェルによって考案され、オスマン軍に導入された

一　初陣

シリアへ

ケマルは、やはり懲罰的に第五軍に任命されたふたりの学友、ファトとミュフィトとともに、オーストリア船籍の定期船に乗った。目指すは、東地中海の港湾都市ベイルートである。身を切るような寒風が吹く船上で、ケマルは言った。

「ぼくたちにとって、あたらしい人生が始まるのだ」

意に添わぬ任地であったが、ケマルはすでに頭を切り替えていた。

紀元前からの歴史をもつ古都ベイルートは、シリア地方の海側の玄関口であり、マロン派のキリスト教徒人口が多数派を占める国際商業都市である。ケマルにとっては、おなじく非ムスリム人口の多いサロニカやイスタンブルと、さほどの違いは感じられなかったであろう。しかしそこから内陸に足を踏み入れると、バルカンしか知らぬケマルにとって、別世界が広がっていた。

アラブ地域（おおよそシリア、イラク、アラビア半島、エジプトからモロッコまでの地中海南岸）は、歴史的にイスラム世界の中核たる地位を担ってきた。イスラムは、七世紀のメッカで、預言者ムハンマドによって創始された。イスラムはアラビア語を母語とするアラブ人のあいだで急速に広がり、いまのシリアとイラクを中心とした大帝国が建国された。その後、分裂や衰退を経て、一六世紀初頭、アラブ地域の大部分がオスマン帝国によって征服される。以来、二〇世紀初頭のこのときにいたるまで、アラブ人はオスマン帝国の欠くことのできない一員として、帝国をささえてきたのであった。

初陣

ケマルとミュフィトは、シリアの中心都市であるダマスカスでの任務となった。フアトの任地はベイルートであったが、彼らが連絡を絶やすことはなかった。

ケマルとミュフィトの配属先は、第三〇騎兵連隊である。シリアでは、帝国政府に反抗的なドゥルーズ派が不穏な動きを見せており、ケマルらの任務は治安を維持することであった。ドゥルーズ派は、シーア派的傾向を持つイスラムの一派である。

ケマルたちは当初、作戦任務から外された。帝都からやってきた士官学校卒業生が危険にさらされないための配慮、というのが表向きの理由であった。ケマルたちは抗議し、口出しをしないことを条件に、作戦に参加する。しかして、作戦の実態は、現地の住人から「みかじめ料」を取りたてて山分けすることであった。分け前を受け取るよう勧められたケマルは、

ケマル（中央）とミュフィト（右）

友人ミュフィトに問うた。

「きみは今だけの人物になりたいのか、あるいは将来を担う男に？」「もちろん将来を」と答えたミュフィトに、「であれば、金品を受け取るまい」と続け、その授受を断った。

　このエピソードは、当時の腐敗した状況とともに、ケマルの清廉さを強調したものだ。とはいえ、当時、軍隊への給与支払いは遅滞しており、軍靴や乗馬用ズボンにも事欠くありさまであった。将兵たちにとって、賄賂や略奪で金銭を得ることは、任務を遂行するための必要悪だったともいえる。

　ドゥルーズ派の部族兵と相対したさい、ケマルの交渉により、血を流すことなくことが収められたこともあった。必要とあらば武勇に頼ることをためらわないが、交渉により解決しうるならばその手段を用いる。のちのケマルの事績を彷彿とさせる逸話である。

　こうしたシリアでの任務を通じて、彼は、同じムスリムといえども、トルコ人とアラブ人とのあいだに開いた亀裂を認識せざるをえなかった。

　たとえばこうだ。命令に背いたアラブ人兵士を、トルコ人軍曹が叱責した。すると、上官であるアルバニア人大尉が、預言者ムハンマドに連なる高貴な血筋であるアラブ人に無礼を働くとは何事だ、と軍曹を厳しくとがめたのである。そこに居合わせたケマルは、大尉を黙らせたのち、アラブ人の高貴さを認める一方、我々、つまりトルコ人の血筋もやはり尊いのだ、と諭したのだった。

ただし、ケマルが、諸民族の共存、いわゆるオスマン主義を信奉していたかというと、逆であった。むしろケマルは、民族共存の難しさと、トルコ人による国民統合の必要性を、肌で感じ取ったのである。後年、彼がトルコ民族主義をイデオロギーに据えた国家建設を進める萌芽が、ここにあったといえる。

なお、シリアにおけるケマルの清廉さや高潔さ、トルコ主義を思わせる行動を伝える史料は、いずれも関係者による後代の回想である。してみると、英雄ケマルの若かりし頃の逸話を、誇張して伝えていることも、十分に考えられよう。

政治活動

ケマルは軍務に従事する一方、学生時代に心酔した自由主義への志も、忘れていなかった。シリアに赴任してまもない一九〇五年夏、ケマルとミュフィトは、ダマスカスで靴屋を営むムスタファ「ジャンテキン」という人物を訪ねた。彼は、もともとイスタンブル医学校の学生であったが、立憲運動にかかわった咎《とが》で、ダマスカスに流刑となっていた。彼はダマスカスで、「祖国《ヴァタン》」という名の秘密結社を組織していた。ケマルはこの組織に加わり、

「祖国と自由《ヴァタン・ヴェ・ヒュッリエト》」と改名したうえで、そのリーダー格となり活動したのだった。さっそく、ベイルートではファトがこの支部を組織している。

いわばこれが、ケマルの政治活動の「初陣」——学生時代のそれを実戦と数えなければ——であった。

しかし、シリアでの政治活動は、支持者を十分に獲得できず、行き詰まりをみせた。ケマルが運動の主体とみなすトルコ系ムスリムが、そもそも圧倒的少数だったからである。もとより、ケマルがより重要だと考えていたのは、故郷サロニカでの活動であった。一九〇六年、軍隊内の有力者に根回しをすませたケマルは、休暇を取ったうえで身分を隠し、海路サロニカに舞い戻る。政府当局と異なり、軍隊には、ケマルのような祖国の将来を憂う若手将校に、理解を示す将官もいたのである。また、将軍の息子であるファトのもつコネクションや、士官学校卒業生たちのネットワークも助けになった。

ケマルは、サロニカの実家に身を潜め、こちらでも祖国と自由協会を組織、メンバーを増やすべく活動する。彼の運動は一定の成果を上げたものの、次第に当局に嗅ぎ付けられはじめた。危険を察したケマルは、ふたたびシリアへと帰還する。四か月の滞在であった。

シリアからバルカンへ

そののち、ケマルはシリアでの任務を続けた。参謀科卒業生として、騎兵、歩兵、そして砲兵と、ひととおりの軍務を修めねばならず、ふたたびサロニカを訪れる機会はなかった。
とはいえ、彼は任務にのみ明け暮れていたわけではない。ダマスカスでの生活に倦むと、ベイルートのファアトのもとを訪れ、ビアホールで痛飲して憂さを晴らした。鉄道建設に従事するイタリア人労働者たちの宴会に、軍服を着替え、身分を隠して参加したこともあったという。なかでも、ケマルたちがもっとも楽しみとしたのは、郊外の庭園でアラブ人女性歌手の美声に耳を傾けることであった。

一九〇七年六月、課せられた軍務を修了し上級大尉へと昇進したケマルは、九月、マケドニアの第三軍への転属を申し出て、許可された。今回は、公式の任命による故郷への凱旋である。

盟友ファアトは、一足先に第三軍に任命されていた。ミュフィトはイエメンに派遣され、彼がふたたびケマルとともに戦うのは、一〇年以上のち、国民闘争のときとなる。

統一進歩協会への参加

勇んでバルカンへと戻ったケマルを、フェトヒとファアトが迎えた。ケマルは、みずからが設立した祖国と自由協会が消滅した、と聞かされ愕然とした。おなじく自由を求めて設立された秘密結社である「オスマン自由協会《オスマンル・ヒュッリエト》」に、吸収されていたのである。そしてこのオスマン自由協会も、ほどなくより規模の大きい「統一進歩《イッティハト・ヴェ・テラッキー》協会」と合併していた。フェ

メフメト・タラート

トヒとファトも、すでにこの組織の一員となっていた。政治活動の基盤を失ったケマルは、やむなく、統一進歩協会に加わることになる。

統一進歩協会とは、一八八〇年代末、軍医学校の学生イブラヒム・テモによって創設された、立憲政の復活を目的とする秘密組織を母体とする。地方や高官たちにも徐々に支持を広げていったが、一八九六年にクーデタ計画が露見して弾圧された後は、パリに拠点を移し国外で積極的に活動を続けていた。

いっぽうのオスマン自由協会は、一九〇六年、サロニカの郵便局員タラートを中心として結成されたばかりの、新しい組織であった。タラートの優れた手腕によって急速に拡大したこの組織には、すくなくない数の第三軍の青年将校たちが加わった。そのなかで頭角を現したのは、士官学校でケマルの二学年上であったエンヴェルと、ケマルよりも一〇歳ほど年長の軍人ジェマルであった。

統一進歩協会におけるケマルの席次は、一九〇八年二月に加入した時点で、三二二番であった。新参者であった彼は、協会では周辺的な存在にとどまらざるをえなかった。

参謀科卒業後、革命の中心であるバルカンを離れてシリアに赴任したことが、ケマルの政治的立場にとって大きな足かせとなったのは、間違いない。

協会の主要ポストから疎外されたことは、当時のケマルにとって屈辱だったろう。このころ、ビアホールやカフェでは、公に協会指導部を批判する彼の姿が見られた。

しかし、彼は知る由もなかったが、これは結果的に彼を救うことになる。主流派から距離を置いていたおかげでケマルは、エンヴェルらが主導した第一次世界大戦の敗戦責任を負わされることなく、その名声を温存し、新時代の指導者として名乗りを上げることができたからである。

二　革命と動乱

青年トルコ革命

イスマイル・エンヴェル

いずれにせよ、時代は革命へと向かう。
その導火線に火をつけたのは、ふたつの噂だった。ひとつは、イギリスとロシアが、バルカン半島のオスマン領を分割する密約を交わしたというもの。もうひとつは、オスマン政府当局が、統一進歩協会を摘発しようとしているというものである。
一九〇八年七月、立憲政の復活を掲げ、エンヴェルをふくむ第三軍の若手将校たちが起兵した。アブデュルハミト二世は、いくつかの鎮圧の手をうつものの、それらが失敗するとあっけなく彼らの主張を受け入れた。ここに三〇年におよぶ専制は終わりをつげ、憲法と議会の再開が約された（青年トルコ革命）。第二次立憲政と呼ばれる時代の幕開けであった。

ただし、統一進歩協会の面々は、この段階では、まだ直接政権にたずさわることはなかった。彼らは若輩の青年士官にすぎず、政権を担える人材であるとは、自他ともにみなしていなかったのである。英雄エンヴェルは、ドイツ駐在武官を拝命し、颯爽とベルリンに渡る。また、ケマルの盟友フェトヒはパリ、ファトはローマに派遣された。統一進歩協会のうち、文民であるタラートらは議員に選出されている。

リビアとボスニア・ヘルツェゴヴィナでの任務

この劇的な革命において、しかし、ケマルはさしたる役割を担わなかった。革命が進行しているなか、彼はマケドニアに留まり、第三軍幕僚としての任務を遂行していた。統一進歩協会の一員としては、連絡役を務めていたと推測されている。協会の末席であるため、重要な役割を割り振られなかったのである。

革命後まもなくして、ケマルはリビアに派遣される。

地中海の南岸に位置するリビアは、オスマン帝国に残された最後のアフリカ領であったが、このころ帝国支配は名ばかりとなり、五〇〇〇人ほどのオスマン兵が駐屯するのみになっていた。わずかなオスマン軍が、さまざまな部族からなるアラブ兵と協調しつつ支配するという当地の体制は、青年トルコ革命の影響もあり、不安定なものとなっていた。こうしたリビアの状況を安定させるために、ケマルに白羽の矢が立ったのである。

一九〇八年八月、ケマルは船でリビアの中心都市トリポリにわたると、さっそく当地の司令官や市長、部族長と連携して短期間のうちに治安を安定させることに成功し、サロニカに戻った。かつてシリアにて、アラブ部族民と渡り合った経験が生きたのであろう。

帰還したケマルは、休む暇もなくボスニア・ヘルツェゴヴィナ方面の国境へと向かった。この地は、青年トルコ革命後の混乱のなか、オーストリアが軍隊を派遣し実効支配し、オスマン政府もやむなくそれを認めていた。ケマルは、当地の状況を監視する任務を命じられていたのだった。一九〇八年一一月、国境でこの任務に就いたケマルは、ときおり変装し、秘密裏に視察に赴いたという。

反革命と鎮圧

一九〇八年一二月、選挙をへて、オスマン帝国議会が開催された。第一次立憲政がわずか一年ほどでついえて以来、じつに三〇年ぶりの議会であった。オスマン憲政史上、最初で最後の公正な選挙だと評されるこの選挙では、統一進歩協会を支持する議員が多数派となった。

マフムト・シェヴケト

しかし、はやくも一九〇九年の春、新体制の転覆を狙った反乱、いわゆる三月三一日事件が起こる。

まず、兵卒上がり《アライル》の士官たちが蜂起した。彼らは、統一進歩協会の主要メンバーをなす士官学校出身《メクテプリ》の士官たちに、ないがしろにされているとの不満を蓄積させていたのである。

その彼らに、「宗教が失われてしまう！」と叫ぶイスラム学院《マドラサ》の学生たちが加わった。統一進歩協会は、開明的な政策の一環として、学生たちのもつ徴兵免除特権を廃止していた。学生たちの蜂起は、そのゆえであった。

反革命派の席巻に、統一進歩協会の面々は、ほうほうの体でイスタンブルを逃れるさまであった。しかし、サロニカの第三軍司令官マフムト・シェヴケト将軍が立憲政の支持を宣言し、イスタンブルへ進軍する。第三軍と、これに加わった第二軍は「行動軍《ハレケト・オルドゥス》」と呼ばれた。命名したのは、このとき第三軍に属していたケマルであった。

しかし、エンヴェルが赴任先のベルリンから急遽帰還して行動軍に参加すると、ケマルは彼の後塵を拝することになり、行動軍の中心から遠のいた。

行動軍によってイスタンブルの反革命派は、たやすく鎮圧された。反乱指導者たちは処刑され、反革命に加わった部隊も処分を受けた。このときイスタンブル市民に向けて発せられた、法の順守と議会の重要性を説く宣言の草稿は、ケマルによって書かれたものである。

アブデュルハミト二世は、退位に追い込まれ、サロニカに送られる。廃帝を護送したのは、パリから帰還していたフェトヒ少佐であった。代わって、立憲政に好意的なレシャト（メフメト五世とも。位一九〇九〜一八）が即位する。

くすぶっていた反対者を排除し、理想的な君主を得て、第二次立憲政はあらためて船出した。

統一進歩協会主流派との決別

イスタンブルは、徐々に落ち着きを取り戻していった。このときケマルは、国民闘争で肩を並べることになるラウフ［オルバイ］と出会っている。

レシャト（メフメト5世）

海将を父に持つラウフは、ケマルと同年齢である。彼も父同様に海軍畑を歩んでいたため、陸軍士官としての経歴を積んでいたケマルとは会う機会がなく、このときが初対面であった。すでにフアトよりケマルの噂を聞いていたラウフは、ケマルと理想を同じくする同志となった。ラウフは、のちのバルカン戦争で巡洋艦を指揮し、この戦争で唯一といってよい殊勲の勝利を挙げ、国民的英雄の地位を手にすることになる。

帝都の喧騒が落ち着いたのち、ケマルは帝都を離れ、ふたたびサロニカでの第三軍勤務に戻った。

統一進歩協会の本部は、なおサロニカにあった。一九〇九年九月二二日に開催された大会において、協会の政治的方針について議論が戦わされた。

ここでケマルは、軍人は協会から離れるべきである、

ヒュセイン・ラウフ［オルバイ］

協会が軍隊に頼っているかぎり、民衆の支持を得ることはできない、との論陣を張った。政治と軍事を分けるべきだという主張は、以前からケマルの持論であり、統一進歩協会の主流から、彼が疎まれる理由のひとつであった。温厚なフェトヒは、主流派とケマルのあいだを取りもつべく尽力していたが、ケマルはそれを顧みなかった。大会での彼の発言は、それまでの持論をあらためて公式にぶつけたものであった。

じつのところ、ケマルの「政軍分離」論は、けっして突飛な意見だったわけではない。第二軍内の協会有力メンバーであったカラベキルやイスメトには支持されたし、のちに（おそらくケマルの主張と無関係に）実現してもいる。しかしながら、彼の主張は、協会主流派からは批判を受けた。のみならず、協会と軍隊の密接な関係があってこそ反革命を鎮圧できたのであり、ケマルの言動はこれを崩そうとする反動だとして、厳しく論難されたのであった。

協会主流派への批判を隠さないケマルにたいし、彼を害す、つまり暗殺しようとする者すら現れたとされる。たとえば、ある若い少尉が、暗殺を目的として彼のもとを訪れたが、ケマルの持論を聞くと、その正当性を認めて立ち去ったという。また、ある士官がケマルの自宅前で待ち伏せしていたものの、ケマルに誰何《すいか》され逃げ出した、ということもあった。

のちにケマルは、このとき自分は「死刑宣告」を受けたのだ、と回想している。

これらが組織的な計画だったかどうかはわからない。ただの脅しにケマルが過剰反応したという可能性は否めないし、後代の作り話だという見解もある。ただ、実際に友人たちが彼を守ろうと尽力したのは確かである。

こうした一連の出来事によって、ケマルは協会を脱会はしなかったものの、その主流派とは袂《たもと》を分かつ。このころからケマルは政治活動を離れ、職務に専心することになる。

軍務への専心

クーデタを極度に警戒していたアブデュルハミト二世は、実弾を用いた軍事教練を、治世の最末期まで禁じていた。これに象徴されるように、アブデュルハミト二世時代のオスマン軍の改革は、ドイツ人将校が顧問として招聘《しょうへい》されていたにもかかわらず、遅々として進まなかった。

そのようななか、ケマルは、帝国陸軍の改善の必要性を感じ、すでに一九〇八年には、ド

コルマール・フォン・デア・ゴルツ

イツの軍事教練本を翻訳していた。これはケマルが、政治思想だけではなく、純軍事的な才能をあわせもっていたことを示している。

一九〇九年八月には、サロニカを訪れたドイツ軍人フォン・デア・ゴルツと面会し、訓練計画を提案、ゴルツもそれを支持している。

ゴルツは、一八八三年にアブデュルハミト二世の依頼でオスマン帝国を訪れたことがあり、オスマン軍の近代化に助力していた。帝国新政府は、このドイツ軍人を再び招聘したのである。ゴルツは、たんに軍人であっただけではなく、のちの総力戦につながる思想を論じた『国民皆兵論』を著し、世界的な名声を獲得していた。日本語にも翻訳されたこの著書を、ケマルを始めとした士官学校の学生たちは愛読していた。

ゴルツ臨席のもと、サロニカ近郊で軍事演習が行われると、ケマルは、騎兵を指揮していた将軍の用兵を、公衆の面前で批判した。両者の階級差を考えると、ありえないことである。しかし、青年トルコ革命以降、若手士官の増長を容認するような雰囲気があったのは確かである。ケマルは、このあとすぐに演習の経験を反映した軍事教練本を執筆してもいる。

一九一〇年夏、ケマルはフランスのピカルディで行われる軍事演習を観覧するため、フランスを訪れた。最初で最後のフランス訪問であった。ケマルはここで飛行機を見て、その重要性を認識している。

一九一一年一月一五日には、第五軍団の参謀に任命され、アルバニアで起こった反乱の鎮圧に参加している。この反乱は、きわめて強圧的に鎮圧され、一時的な平穏は取り戻されたものの、将来に禍根を残した。

こうして軍務をこなしていったケマルだったが、昇進はならなかった。これは、ケマルの能力や功績が不足しているゆえではなかった。高位の階級が高齢者で占められており、若手士官の昇進が遅滞するという、当時のオスマン帝国軍の構造的な問題だったのである。

ままならない昇進にいら立ちを募らせていたケマルに、一九一一年九月、イスタンブルの参謀本部への辞令が発せられた。ケマルはサロニカを離れ、イスタンブルに赴任した。ケマルにとって、これが故郷サロニカとの今生の別れとなった。着任したケマルは、席を温めるまもなく帝都を離れる。

リビアで、イタリアとの戦争が勃発したためである。

イタリアとのリビア戦争

西洋列強がアジア・アフリカ各地に植民地を拡大していくなか、一八六一年に統一されたばかりのイタリアは、後れをとった。遅ればせながら植民地獲得競争に参入した彼らが目を付けたのは、地中海を挟んで対岸にある北アフリカ、とくにリビアであった。

イタリアは、一九一一年九月二九日、オスマン帝国に宣戦布告した。イタリア軍はトリポリに上陸、沿岸部を占領する。

陸相シェヴケトは、ケマルも含めた士官を集めて、オスマン軍は正規の戦いに耐えうる状態でなく、艦隊も機能していないことを率直に述べた。こうして、リビアへの正規軍の派遣は見送られたのである。

しかし、統一進歩協会は、志願した士官を独自に派遣し、現地のアラブ部族の協力のもと、ゲリラ戦により抵抗することを決定した。ベルリン駐在武官エンヴェルは、さっそくサロニカに舞い戻り、エジプト経由で陸路リビアへと向かった。制海権はイタリアが握っており、直接、地中海を縦断してリビアへと向かうことはできなかったからである。

ケマルもリビアにはせ参じようとしたが、陸相はこれを認めなかった。制止を振り切ったケマルは、偽造した任命書を手に、数名の同志とともにロシア船に乗り、やはりエジプトへ向かった。旅費は支給されず、ケマルは個人的な借金によって二〇〇ポンドを工面した。

エジプトはイギリスの統治下にあり、逮捕の危険があった。そのためケマルは、アラブ人の民族衣装に身を包み、新聞記者のふりをして偽名を名乗った。

リビアで彼を待っていたのは、少佐への昇進の知らせと、一足先にリビア入りしていたエンヴェルであった。当地の司令官兼総督を拝命していた彼は、みずからの名前を記した紙幣を刷り、支配者のようにふるまっていた。ケマルは一士官として、エンヴェルの指揮下に入る。ケマルとエンヴェル、おたがいの敵愾心《てきがいしん》は強いものだったが、ここでは祖国を守ろうという意識がそれに勝った。一触即発のふたりの関係は、ぎりぎりのところで破綻をきたすことなく、イタリアの侵略に抗したのである。

エンヴェルとケマルのほか、リビアに駆け付けた青年士官たちのなかには、フェトヒやヌーリ「ジョンケル」といったケマルの旧友のほか、ハリルにヌーリ「キッリギル。エンヴェルの弟」というエンヴェルの係累もいた。

彼らオスマン士官たちは、地元のアラブ部族兵とよく連携した。アラブ部族は、帝国への愛国心やムスリムとしての団結心をさほど持っているわけではなかったし、生活習慣もまったく異なっていた。しかしケマルたちは粘り強く彼らと協調し、訓練と規律を与え、部隊として組織した。

リビアでのケマル（左）とヌーリ（右）。当地の慣習に合わせてか、顎鬚を生やしている

戦いのさなか、ケマルは軍人生命を左右しかねないほどの重傷を負っている。榴散弾が爆発したとき、石灰の破片が目に入ったのである。二週間ものあいだ目を開けられない事態に、軍人をやめねばならないという覚悟すらした。

エンヴェルやケマルらは、沿岸部から侵攻し内陸に橋頭堡を築こうとするイタリア軍を、幾度となく押し返して苦戦を強いた。負傷から回復したケマルは、イタリアが占領していた港町デルナ方面の指揮を受け持った。オスマン軍将校八名と兵一六〇名、そしてアラブ部族兵八〇〇名を率いたケマルは、一九一二年三月、イタリア軍に大きな打撃を与え、デルナに長期間封じ込めることに成功している。

リビア戦争の終結

リビアをたやすく奪取できないことを悟ったイタリアは、矛先を変え、アナトリア南西沖に浮かぶクレタ島やドデカネス諸島を攻撃し、オスマン政府の動揺を誘った。それでも政府は、リビアを要求するイタリアにたいして首を縦に振らなかった。

決定打となったのは、一九一二年一〇月八日、モンテネグロがオスマン帝国にたいして宣戦布告したことである。オスマン帝国の中核部ともいえるバルカン半島での緊急事態に、帝国政府は一〇月一八日、イタリアと和約を結び、リビアを放棄せざるをえなくなった。

ケマルら青年将校たちも、これ以上リビアに留まる理由はなかった。戦いのさなか右腕も負傷し、満身創痍であったケマルは、一九一二年一〇月二四日、リビアを退去した。

一〇か月半におよぶ砂漠の戦いは、こうして終わった。ケマルは目の治療のため、まずウィーンを訪れた。ここでの治療が功を奏し、病状は快方へ向かう。ケマルがイスタンブルに戻ったのは、一一月末のことである。

ちなみにエンヴェルは、ケマルらほかのオスマン士官たちより長くリビアにとどまった。リビアであたかも王のようにふるまっていた彼は、かつてエジプトを半独立的に支配したメフメト・アリのように、その立場を維持したいと望んでいたようである。しかし、バルカン情勢の悪化はそれを許さず、年末までにイスタンブルに帰還している。

リビアで、エンヴェルやケマルたちは善戦したといってよかろう。アフリカ最後のオスマン帝国領を死守せんと気概をみせた彼らの雄姿は、愛国者たちの士気をおおいに高めた。しかし、その戦略的な価値は低く、陸相が正規軍を派遣しなかったのは、ある意味で慧眼であった。

ケマル個人にとってはどうだったろうか。ケマルにとっては、いまだ十分な評価を得ていない自分自身にいら立ち、先行してリビアへ出立したエンヴェルへの敵愾心もあり行った、乾坤一擲《けんこんいってき》の冒険的な試みであった。しかし、帰国したリビア戦争の英雄たちを讃える本国の報道のほとんどは、エンヴェルに集中し、ケマルに言及したものは僅かであった。ケマルの自尊心は、満足しなかったであろう。

そのなかでケマルが得たのは、正規軍の支援がないなか、現地住人を訓練し、組織し、ゲリラ戦を遂行するという経験であった。これは、のちに国民闘争を指揮するケマルにとって、貴重な実戦経験となったはずである。

バルカン戦争

バルカン半島でオスマン帝国に宣戦を布告したのは、モンテネグロだけではなかった。セルビア、ブルガリア、ギリシアも同盟し、あいついでオスマン帝国に攻撃をしかけた。バルカン戦争である。バルカン諸国は、オスマン帝国のバルカン領をつぎつぎに奪取していった。ブルガリア軍はエディルネを包囲し、そのままイスタンブル近郊まで侵攻した。セルビアは、かつてケマルが学んだ地であるマナストゥルをふくむマケドニアを奪取し、プリズレンでは一二〇〇〇人のムスリムを処刑した。ギリシアがサロニカにせまると、守備隊の司令官は、無抵抗でこの町を譲り渡した。ギリシアは、さらにエーゲ海の島々を占領している。また、この機にアルバニアは独立を宣言、オーストリアがこれを承認した。

まさに、壊滅的な敗北であった。帝国の中核であったバルカン領のほとんどは、こうして帝国の手から失われた。

ケマルがイスタンブルに戻ると、そこは、バルカンから戦火を逃れた人々であふれ返っていた。そのなかに、サロニカを逃れた母ズベイデと妹マクブレの姿もあった。

ケマルは、リビアへ渡航する直前、サロニカの「白い塔」――ビザンツ時代から残る、この町を象徴する建物――のカフェで、ファトに問うた。

「サロニカは、トルコ人の手に残るだろうか？　リビアからもどったとき、ふたたびここに来られるだろうか？」

予言めいた彼の述懐は当たった。しかし、これほどまでに短期間で、帝国軍が敗北し、バルカンの領土のほとんどを失うとまでは思っていなかっただろう。いずれにせよ、故郷の喪失を嘆きつつ、ケマルはただちに軍務に復帰し、ガリポリ半島を守備する任務についた。

壊滅的な敗北のなか、一二月に入ると、オスマン政府は講和を模索する。そこで問題となったのは、包囲下にあったエディルネの去就であった。帝国の古都であり、バルカンの中心都市のひとつであったこの町をブルガリアに渡すまいと、世論は沸騰した。

統一進歩協会の政権奪取

現政権への批判が高まる現状をみて、統一進歩協会は、政権をみずからの手に握ることを決意する。

一九一三年一月二三日、協会が組織した三〇人ほどのメンバーが、白馬に乗ったエンヴェルに率いられ、大宰相府を襲撃した。一行は陸相を殺害し、大宰相に「国民は貴兄を望んでいない」と辞任を迫った。エンヴェルはその足で王宮に赴いて皇帝レシャトと面会し、彼らの行動を認めさせた。

まごうことなきクーデタであった。大宰相には、統一進歩協会と関係の深いシェヴケト将軍が就任した。事後に顚末を知ったケマルは、この行為を厳しく批判している。

ともあれ、混乱のなか成立した新政府は、一月三〇日、列強によって提案された和平案を拒絶し、バルカン諸国への反撃を試みる。

動員できるオスマン軍は、アナトリアからの予備役を招集・編成した第一〇軍団と、ガリポリ半島を守るボラユル軍団であった。第一〇軍団参謀長にエンヴェル、ボラユル軍団参謀長にフェトヒが任命され、ケマルは盟友フェトヒの部隊に配属された。しかし、二月六日、イスタンブル近郊に布陣するブルガリア軍を挟撃しようとした両軍団は、連携に失敗し手痛い被害を受ける。エンヴェルとフェトヒは、互いを非難しあうありさまであった。

反撃がままならないなか、三月二六日、六か月のあいだ包囲に耐えていたエディルネが、ついに陥落する。大宰相は和平に傾き、一九一三年五月三〇日、ロンドンで休戦協定が結ばれた。

バルカンでの絶望的な状況が変わったのは、六月末である。

オスマン帝国に大勝したバルカン諸国であったが、ブルガリアと他の諸国のあいだで、領土をめぐって衝突が起こったのである（第二次バルカン戦争）。七月二一日、ブルガリア軍が引き上げたエディルネに、オスマン軍は戦うことなく入城した。エディルネ奪還の戦果を独占したのは、エンヴェルであった。彼は、一三六一年にエディルネを征服した君主、ムラト一世の再来として、賞賛を浴びたのだった。

一九一三年九月二九日、ブルガリアの敗北によって、第二次バルカン戦争は終結した。オスマン帝国は、エディルネとその周辺を取り戻したものの、歴史的な大敗であるのは疑いなかった。数十万人ものムスリムが、迫害を避けて難民となり、残されたオスマン領に避難する。バルカン戦争の惨禍は、帝国の人々におおきな精神的外傷をあたえた。以降、オスマン帝国の世論は、ムスリムのみを同胞とみなすようになる。

ムスリムと非ムスリムの平等を追求しようとしたオスマン主義の理念は、このとき完全についえたといえよう。

三　幕間、ソフィアにて

イスタンブルでの休息

終戦後、ケマルは、ほどなくしてイスタンブルへと戻った。無役のまま帝都で過ごした数か月は、ケマルにとって、ひさびさの休息となった。

自身は友人の家に寄宿したケマルであったが、サロニカより避難した母と妹のために、ドルマバフチェ宮殿にほど近いアカレトレル区に住居を用意した。イスタンブルには、母と妹以外にも、サロニカにいた親戚たちが難民となって移住していた。母ズベイデの再婚相手ラグプ（彼は占領下のサロニカに残り、まもなく死去している）の姪、フィクリエも、そのひとりだった。このとき一六歳であった彼女は、アカレトレルの家に足しげく通い、ケマルを思慕するようになる。

当時、イスタンブルの社交界にしばしば顔を出していたケマルは、コリーヌという女性と知己となり、親しく付き合うようになった。彼女は、イタリア系トルコ人軍医の娘であり、バルカン戦争で夫――ケマルの戦友であった――を失っていた。ケマルが彼女に宛ててフランス語で書いた、愛情あふれる手紙が残っている。大戦が勃発してからも、ふたりの文通は続き、ケマルは、戦地からコリーヌへの手紙を欠かさなかった。

このころ、ケマルの友人フェトヒは、軍務を退き、統一進歩協会での政治活動に専念することを選んだ。軍人と政治家を兼任しないという、かつてケマルが主張した原則は、フェトヒも共有していたのである。

協会の事務総長に就任したフェトヒは、準軍事組織のための資金を削減すべきである、そして協会の方針は協会所属の議員によって定められるべきである、という提言を行った。準軍事組織はエンヴェルの支持母体のひとつであり、議員によるリーダーシップは、協会運営のイニシアティヴを軍人から奪うことを意味する。すなわちフェトヒの提言は、エンヴェル一派の影響力を削ごうとしたものであった。

しかし、彼の主張は支持を得られず、不首尾に終わった。失意の彼に、内相タラートは、ブルガリアの首都、ソフィアでの駐劄《ちゅうさつ》大使のポストを提供する。このときオスマン政府は、ギリシアに対抗するためにブルガリアに接近しようとしていた。それゆえ一見、重要な役割ではあったが、実際の外交交渉はタラートらが仕切り、大使は蚊帳の外に置かれていた。フェトヒはこうして、統一進歩協会の主流から完全に疎外された。

大使を拝命したフェトヒは、旧友ケマルに駐在武官となるよう依頼し、ケマルはこれを受けた。一九一三年一〇月末のことである。ケマルのイスタンブルでの休暇は、わずか二か月足らずだった。

三頭政治

ケマルとフェトヒが去ったイスタンブルでは、一九一四年一月、エンヴェルが陸相に就任する。陸相アフメト・イッゼトに辞任を迫るという、強引な手段によるものであった。中佐であった彼は、このあと大佐、そしてまもなく准将へと、異例の速度で昇進する。ケマルは少佐だったから、エンヴェルとの埋められない差が、このとき開いたといってよい。

タラートは、すでに前年、二度目の内相に就任していた。ジェマルも海相に任命され、統一進歩協会の指導者たちは、ついに政権を直接担当するにいたった。エンヴェル、タラート、ジェマルによる「三頭政治」のはじまりである。

ただし、この言葉のイメージとは異なり、彼らが特権的・独裁的な権力をふるったわけではない。三人の発言力は強かったものの、彼ら以外の有力な協会メンバーの影響力も無視できるものではなく、協会は、あくまで集団的な運営がなされていたといえる。

陸相となったエンヴェルは、さっそく、軍隊の改革に大鉈を振るった。二名の元帥、三三名の少将、九五名の准将をふくむ一〇〇〇人もの士官を予備役に編入するという大規模な人員整理を行い、軍の刷新を図ったのである。帝国軍に若返りが必要であることは、ケマルもつねづね感じていたことであり（五九頁）、当時ソフィアにいたケマルは、エンヴェルにこれを讃える手紙を送っている。

しかし、エンヴェルによる人員の入れ替えは、いっさい能力を問うことのないものであった。改革の内実を聞いたケマルは、「エンヴェルは精力的だが、浅慮だ」と、軍の将来を憂えて嘆息したと伝わる。

さらにエンヴェルは、婚約していたナジエ皇女と一九一四年三月五日に結婚した。こうして、エンヴェルは皇族の女婿《ダーマト》となり、彼の権勢は、飛ぶ鳥を落とす勢いとなった。

ソフィアにて

ブルガリアの首都、ソフィアへ赴いたケマルは、当初は豪勢なホテル住まいを楽しんだものの、金銭的な理由で、ドイツ人家族のもとに寄宿することになった。家主であるヒルダ夫人との交流は、ドイツ語を磨く機会ともなった。ケマルを歓待しドイツ語を教えた彼女は、ケマルはとても上品で、しばしば赤い薔薇を届けてくれたと回想している。ちなみに当時のケマルの金遣いは荒く、二週間で月給を使い果たしていたという。

ケマルは、ソフィアの社交界での交流に努め、舞踏会に参加し、オペラを観劇した。ケマルはもともと西欧の教養に親しんでいたから、労せず溶け込めたであろう。

もちろん、ただ遊興にふけっていたわけではない。オスマン帝国の一部にすぎなかったブルガリアが、なぜバルカン戦争で帝国を打倒することができたのか。その理由をさぐるため、コネクションをつくり情報を得る一環でもあった。

ケマルは、観劇のあと、知人にこう語っている。

「バルカン戦争でなぜ我々が敗れたか、いまよくわかった。みたまえ、オペラすらある……このような芸術が発展している社会は、やすやすと敗北しない。我が国で、オペラが上演される日はくるのだろうか?」

ブルガリアがいかに深く西欧文明を受容しているかを、ケマルは思い知ったのである。

ブルガリアが誇る国民的オペラ歌手ミミ・バルカンスカと知り合ったのは、このときである。のちに、大統領となったケマルは彼女をトルコ共和国に招待し、オペラを演じてもらっている。

ケマルは、ブルガリア国王フェルディナントが参加した仮装舞踏会のために、わざわざイスタンブルの軍事博物館からイェニチェリの軍装を取り寄せた。この衣装は注目を浴び、フェルディナントと親しく話すきっかけとなったのである。これを着たケマルの写真が残っている。

ブルガリア社交界の一員となったケマルは、陸相の知遇を得て、家族ぐるみの付き合いと

イェニチェリの服装をまとったケマル

なった。陸相の娘ディミトリナは、フランス語をよくし、ピアノを得意として、ケマルの心をとらえた。ケマルは陸相の邸宅に足しげく通い、ついには彼女に求婚するにいたる。ディミトリナもこれに応えたが、陸相は愛娘が国外に出るのを認めず、ふたりの結婚は幻と終わったのだった。ただし、この悲恋の逸話は、かなり誇張されたものだとする見解もある。

ソフィア滞在中、その功績が認められたのか、あるいはエンヴェルによる軍の刷新が影響したのか、ケマルは中佐へと昇進した。

第一次世界大戦

一九一四年六月二八日、ケマルが滞在するソフィアからさほど遠くないサラエヴォで、ひとつの事件が起こった。

オーストリアの皇位継承者が、セルビアの民族主義者に暗殺されたのである。オーストリアは、ただちにセルビアに宣戦を布告した。当初は局地的な「第三次バルカン戦争」にすぎないかに見えたこの紛争は、オーストリアをドイツ、セルビアをロシアが支持したことで拡大する。そしてロシア・フランス・イギリスの連合国と、ドイツ・オーストリアの同盟国とが争う世界大戦へと急速に拡大したのだった。

第一次世界大戦の勃発である。

オスマン政府は、アブデュルハミト二世の時代よりドイツとの関係を深めていたが、一九一三年の統一進歩協会による政権奪取ののち、軍事改革のためにドイツ将校団を大規模に受け入れるなど、急速にドイツに接近していた。

こうした友好関係を背景に、ドイツは、オスマン帝国に参戦を要求した。しかし友邦の求めにたいし、オスマン政府は即答を避けていた。バルカン戦争で国力が疲弊しきっていたからである。しかし、参戦を望んだエンヴェルは、オスマン艦隊に黒海のロシア要塞を砲撃させるという挙に出た。これにより連合国はオスマン帝国に宣戦布告し、やむなく政府は一九一四年一一月、ドイツ側に立って大戦に参加することになった。

緒戦の大敗

オスマン軍は、ドイツ側がたてた作戦に沿ってすぐさま攻勢に出たが、その成果は芳しくなかった。

陸相エンヴェルは一二月、ロシア軍を攻撃するべく、八万の兵を率いて、東アナトリアからコーカサス方面に進軍する。しかし、気温マイナス二六度にもなる三〇〇〇メートル級の

アフメト・ジェマル

山地を、十分な装備もないまま進軍したために壊滅的な損害を被り、撤退した。帝国領内に帰還できたのは一万人ほどにすぎず、さらにチフスが蔓延するという災禍となった。エンヴェルは部隊の指揮を部下に任せ、イスタンブルに舞い戻った。もちろん、敗戦の報は伏せられ、エンヴェルが責任を取ることはなかった。こののち、防御の薄くなった東アナトリアへロシア軍が侵攻し、東方戦線は危機的な状況に陥る。

ジェマルは海相を務めていたが、実際の艦隊指揮はドイツ人提督にゆだねており、自身は第四軍の司令官としてアラブ戦線に赴いた。そこで彼は、イギリスが統治するエジプトを奪取すべく、シナイ半島に進軍した。エジプトの副王《ヒディーヴ》にならん、という野心を抱いていたともいう。一九一五年二月二日夜にスエズ運河を攻撃したジェマルは、しかし、わずかな兵を渡河させえたにすぎなかった。期待していたエジプト民衆のイギリスへの反乱も起きず、ジェマルは大きな犠牲を出して、なすすべなく撤退した。

序盤で電撃的な勝利を挙げる目論見が失敗に終わると、オスマン軍は守勢に立たされることになる。

ケマルの帰国

ソフィアで参戦の報を聞いたケマルは、帝国軍が多方面で戦端を開かざるをえないことを、そしてまだ準備が整っていないことを懸念した。また、ドイツが勝利するかも定かではない、と友人への書簡で書き記している。ケマルは、もとより非戦論者ではなかったが、状況を見極めぬまま戦争に突き進む、戦略眼の乏しさを批判したのだった。

いずれにせよ、戦いは始まった。ケマルは、当然のことながら前線への任命を希望したが、エンヴェルはこれを却下した。

ケマルが本国への帰還を許されたのは、エンヴェルとジェマルが敗走してのちのことである。一九一五年一月二〇日、第一九師団長への任命を知らせる電報を受け取ったケマルは、その日のうちにソフィアを出立した。一四か月の滞在であった。

四　死　線――ガリポリ半島

イギリス軍のダーダネルス海峡攻略

イスタンブルに帰還したケマルは、まず、エンヴェルを訪ねた。敗軍の将となり、やつれたエンヴェルに、ケマルが「貴官は少々、疲れているようだ」と言うと、エンヴェルは、「いや、それほどではない。貴官とは意見が合わないようだ……大丈夫だ」と答えた。

ウィンストン・チャーチル（中央）

ケマルは、次に、ガリポリ半島の付け根付近に位置するテキルダーに向かう。彼が任命された第一九師団は、そこで編成中だったためである。このことは、ケマルにとって大きな意味をもった。

イギリス政府が、ダーダネルス海峡攻撃を決定したからである。ダーダネルス海峡を突破して、イスタンブルを占領することにより、連合国であるロシアとの連携を図り、バルカン諸国を連合国に引き込むことが目的であった。成功すれば戦局を大きく転換しうるこの作戦を立案したのは、海相ウィンストン・チャーチルだった。のちに、第二次世界大戦においてナチス・ドイツにたいする徹底抗戦を指揮し、イギリスを勝利に導いた、イギリス史上屈指の名宰相となる人物である。遠征軍の司令官には、ハミルトン将軍が任命された。

イギリス軍は、まず、一気に海峡を通過することを狙った。二月一九日、一二隻からなる連合国艦隊がダーダネルス海峡入口の要塞を攻撃、しかるのちに海峡への侵入を試みたが、これは狭い海峡の両岸から砲撃を受け、失敗した。

ダーダネルス海峡攻撃の報を聞いたオスマン政府は、恐怖と混乱に陥った。政府と宮廷をアナトリア内陸部のエスキシェヒルに避難させることが検討され、財宝の一部は、コンヤに移された。

三月一八日、連合国艦隊はふたたび海峡に突入したものの、砲撃や機雷に阻まれ、大きな被害を受け撤退する結果に終わった。帝国軍の激しい抵抗をみた連合国軍は、艦隊だけで海峡を突破する愚を悟り、遅ればせながら、ガリポリ半島を攻略することを決定する。

ガリポリ半島

ガリポリ半島へ

マルマラ海とエーゲ海を繋いで、ダーダネルス海峡が細く伸びている。その海峡の北側をなすのが、ガリポリ半島である。長さは約八〇キロメートル、幅は六キロメートルから二〇キロメートル。半島であるがゆえに中央部は高地になっており、もっとも高い地点は標高三〇〇メートルを超す。

ダーダネルス海峡周辺は、アジアとヨーロッパを繋ぐただふたつの海峡のうちひとつということもあり、歴史的に重要な役割を担ってきた。はるかな昔、ホメロスが『イーリアス』で語ったトロイと目される地は、海峡のアジア側、そのすぐ内陸に位置する。また、一四世紀にオスマン帝国第二代君主オルハンの皇子スレイマンが、帝国ではじめてヨーロッパ側に足を踏み入れたのも、この海峡を渡ってのことだった。

ケマルは、英仏艦隊がダーダネルス海峡を攻撃したという報を受け取ると、師団の編成完了をまたずに、編成済みの第五七歩兵連隊だけを率いて、ガリポリ半島の海峡側南方に位置するマイドス（現エジェアバト）に向かった。

そのころ、ガリポリ半島の守備はエサト将軍が指揮する第三軍が担っていた。しかし、連合国艦隊の侵攻をうけ、オスマン帝国に派遣されたドイツ軍事使節団の長たるリーマン・フォン・ザンデルス元帥が、急遽再編された第五軍司令官として統括することになった。むろんケマルも、ザンデルスの指揮下に入る。

三月三一日、ザンデルスはエサトをともない、ケマルのもとを訪れた。ケマルとザンデルスの初対面である。ザンデルスは、ソフィア駐在武官であったケマルに、ブルガリアはなぜ同盟国の側に立って参戦しないのかを問うた。ケマルは、「ドイツの勝利が確かではないからです……ブルガリア人の見解は、正しいと小官は考えます」と答えた。ザンデルスは、この生意気な返答に鼻白んだであろう。

ケマルは、ドイツ将校たちが、オスマン軍の教育と訓練に携わるのは認めていた。しかし、実戦で彼らが指揮をとることについては、ドイツ人が自国の利益を優先しているとして、厳しく批判していた。こうして初対面から、ケマルとザンデルスの仲は険悪なものとなったのである。

死闘の始まり

ザンデルスは、連合国軍がどこから上陸してくるか、予測しかねていた。そのため、敵の動向をいち早く知るために半島に広く部隊を展開させたが、もっとも可能性が高いのは、半島の付け根部分であると考えていた。しかしケマルは、半島の南端であると推測し、それは正しかった。

リーマン・フォン・ザンデルス

四月二五日、半島の南西岸に位置するアルブルヌに、七万人ものアンザック軍が上陸する。

アンザックとは、「オーストラリアと《Australia and》ニュージーランド軍《New Zeland Army》」の略称である。彼らは、イギリス帝国軍の一翼を担うべく、はじめて国外での本格的な戦争に参加したのだった。ガリポリ半島での死闘のはじまりである。

アンザック軍が上陸したとき、ケマルはすぐさま旗下の第五七歩兵連隊をこの地域に派遣し、アルブルヌ東側にある、戦場を見渡せる丘の上に配置した。敵軍の上陸に浮足立ち、持ち場を離れ逃げ出そうとする友軍をとどめ、戦わずして潰走《かいそう》する危機を防いでいる。これがなければ、ガリポリの戦いは、緒戦で決着がついていたかもしれない。ケマルは、のちに次のように回想している。

「逃走する兵に「敵を目にして逃げるな」と呼び掛けると、彼らは「弾薬がないのです」と言った。私は「弾薬がなければ、銃剣がある」と怒鳴り、銃剣を装着させた。銃剣を装着した兵が（敵を迎え撃つため）地に伏せると、敵兵も（追撃を止めて）伏せた。我々が勝利したのは、このときだ」

またケマルはこのとき、配下の部隊に、次のように苛烈な命令を与えている。

「貴官らに、攻撃を命令しているわけではない。死ねと命じているのだ。我々が死ぬまでに稼いだ時間で、ここにほかの兵や司令官がやってこよう」

こうして不退転の決意を示したケマルは、要地であるジョンクバユルの丘を確保することに成功した。ケマルが戦線を維持し、アンザック軍を海岸にとどめているうちに友軍が到着し、オスマン軍は防御線を構築することができたのである。

この戦果で、ケマルは勲章を授与されたのみならず、司令部を設置した場所は「ケマルの地点《ケマルイェリ》」と命名された。

ドイツ将校との確執

ケマルは、ザンデルスが海岸の防御を怠ったためにたやすく上陸を許したのだと批判し、陸相エンヴェルに書簡を送った。そこでは、司令官たちが用兵について無能であるため、敵軍を海に追い落とすことができないこと、ザンデルスをはじめとしたドイツ人は、オスマン帝国防衛を優先していないことを述べ、エンヴェル——ケマルはここで、旧来のわだかまりを抑え「我が兄弟《カルデシム》」と呼び掛けている——に指揮をとるよう進言している。

積年のライバルであるエンヴェルによる指揮を望むほど、ケマルのドイツ人への不信は強かった。もちろん、ドイツとの関係を考えると、エンヴェルがザンデルスを解任することはありえなかった。ただしエンヴェルは、ケマルの言に理があるとわかっていたのであろう。五月一一日、エンヴェルはケマルを訪れ、彼を右翼北部地域の司令官に任じるとともに、ドイツ鉄十字勲章を与えるようはからったうえで、一九一五年六月一日には、大佐に昇進させた。この処遇は、ケマルの自尊心を満足させたが、これによって彼のドイツ将校への評価が覆ることはなかった。

両軍は、塹壕を挟んで——もっとも狭いところでは五メートルにすぎなかった——激しい戦いを続けていた。徐々に暑い季節を迎える劣悪な環境下で、赤痢やチフスが蔓延した。

八月の猛攻

膠着状態のなか、八月六日、連合国軍は、スヴラ湾を急襲することで事態の打開を図った。スヴラ湾は、ケマルが守るアルブルヌのやや北方に位置する。

事態を察知したザンデルスは防御に向かうようケマルに命じたが、ケマルの返答は、アルブルヌ北部の全指揮権を渡せ、というものだった。鼻白んだケマルの参謀長が、そこまでの権限は不要では、と言うと、ケマルは「まったく逆だ、少なすぎる！」と返答する。

ついにザンデルスは、ケマルの要求を受け入れた。ケマルは、前線を統括する「アナファルタ軍集団《アナファルタラル・グルプ》」の司令官に任命された（八月八日）。

アナファルタとは、もともと「風の吹き抜ける場所」を意味する。スヴラ湾を見下ろす丘の上に、小アナファルタ村と大アナファルタ村というふたつの村があり、ケマル率いる軍集団がここを拠点としたゆえの命名であった。ケマルはのちに「アナファルタの英雄」と讃えられることになる。

翌八月九日、連合国軍は、ジョンクバユルに砲撃の雨を降らせた。これに反撃を命じたケマルは、みずから最前線で指揮をとる。

戦いのさなか、ケマルの傍らにいたヌーリは、ケマルの軍服の右胸に穴が開き、血がにじんでいるのをみて驚愕した。

「大佐殿、撃たれています！」叫んだヌーリの口をふさぎ、ケマルは、士気を下げるから黙っているようにと命じた。じつのところ、手榴弾の破片がケマルの胸にあたったものの、懐中に入れていた時計に防がれ、軽傷であった。

のちにこれを聞いたザンデルスは、壊れた時計の代わりに、ドイツのツェッペリン社製の時計を贈っている。

猛攻をしのぐなか、援軍が陸続とアナファルタに到着し、ガリポリ半島を防ぎ切ったケマルは多数の勲章を授与された。

ケマルは、ブルガリアの知人に宛てた手紙で、勲章の件について「ハミルトンとキッチナー（英陸相）に感謝しなければいけないな」と軽口をたたいている。

ガリポリを離脱

連合国軍の猛攻は、食い止められた。

九月に入ると、ケマルはガリポリからの離任を考え始めた。その理由は三つある。

ひとつは、マラリアを患い、体調を崩していたことである。三日のあいだ、寝台から身を起こせずにいたときもあった。

ふたつめは、戦略的予想である。ケマルは、もうガリポリは安全であり、これ以上の大規模攻撃はないと考えていた。そのため彼は、祖国へより奉仕できる場所をさがしていた。

三つめは、ドイツ人将校との軋轢《あつれき》である。

いっときは改善したかにみえたザンデルスとの関係であったが、なお彼がドイツ将校をオスマン軍に任命させることを諦めなかったため、両者の関係はふたたび悪化した。さらに、ガリポリ半島を訪れたエンヴェルが、アナファルタのケマルに会わなかったことは、エンヴェルとケマルの関係を難しくした。

こうした扱いに立腹したケマルは、司令官を辞することを申し出た。ザンデルスは彼を慰留し、陸軍省に、ケマルは前線にとって余人をもって代えがたい人材である、と讃えた報告を送っている。エンヴェルもそれを受けて、アナファルタを訪問しなかったことを陳謝した。しかしケマルは、ザンデルスの留任要請を断った。一二月一〇日、ケマルはフェヴズィを代理に残して離任し、イスタンブルへと帰還した。

ケマルがガリポリ半島を離れてすぐ、一二月一九日にイギリス軍は撤退を始めた。チャーチルは、苦戦の責任を問われ、海相をすでに辞任していた。

ケマルの予測は正しかった。こうして、八か月におよぶガリポリ半島の戦いは幕を閉じた。海峡は死守され、帝都が急襲される危機は去った。

しかし、オスマン帝国は、いまだ大戦のさなかにあった。

五　転戦

失意の凱旋

ケマルは、ガリポリの戦いにおける功労者であった。しかし、イスタンブルに帰還したケマルが、賞賛の雨を浴びたかというと、実際は逆であった。

ガリポリの勝者として讃えられたのは、陸相エンヴェルと、第三軍司令官のエサトであった。ケマルについては、いくつかの散発的な賞賛を除くと、政府も軍も、彼を讃えることはしなかった。イギリス大使の通訳すら、ケマルについて何も知らなかったという。

ガリポリの勝利を祝して、皇帝レシャトに「聖戦士《ガーズィ》」称号が与えられる式典も挙行された。ガーズィとは、イスラムの信仰のために戦う戦士のことである。キリスト教世界に聖戦を繰り返したオスマン帝国の君主たちの多くが、この称号を用いた。親征しなかった君主であっても、臣下が勝利を収めるとやはりガーズィを称しており、レシャトによるガーズィの名乗りは、この慣行にのっとったものだった。エンヴェルが演説し、壮麗なパレードが行われたこの祝典において、やはりケマルの名が挙げられることはなかった。

失意のケマルには、ガリポリに戻るという選択肢もあったが、すでにアナファルタ軍集団は解散していた。そもそもケマルには、おめおめ前任地に戻るつもりはなかった。

ケマルは一九一六年一月一九日、ふたたびソフィアを訪れた。大戦前の滞在中に知り合った友人たちと、旧交を温める私的な目的だったという。そのまま退役するつもりだった、との説もある。

二度目のソフィア滞在は、一週間足らずで終わった。ガリポリ半島で、彼の指揮下にあった第一六軍団の司令官に、ふたたび任命されたためである。一月八日夜半に連合国軍がガリポリ半島から完全に撤退したのち、第一六軍団はエディルネに移動し、そこで再編されていたのだった。

エディルネに赴いたケマルは、予期せぬ歓迎を受けた。エディルネの人々は、アナファルタの英雄ケマルを、町を挙げて熱烈に迎えたのである。

「アルブルヌとアナファルタの英雄、ムスタファ・ケマル万歳！」

ケマルと死地を戦い抜いた第一六軍団の兵士たちは、彼の偉業をよくわかっていたのだ。

東アナトリア戦線へ

第一六軍団が属する第二軍が配備されていたバルカン方面は、ブルガリアがドイツ側に立って参戦したこともあって、安定していた。そのため、軍団はアラブ戦線、もしくは東アナトリア戦線に派遣されることとなった。

一九一六年時点でのアラブ戦線の状況は、比較的安定していたといってよい。四月には、ゴルツの指揮のもと、エンヴェルのおじでケマルの学友であったハリル、そしてやはり学友カラベキルが、メソポタミアの要衝クートを奪回、二万名におよぶイギリス兵を捕虜とする金星を挙げていた。このあとゴルツはチフスで死去するものの、ジェマルがいまだシナイ半島を保持していることもあり、オスマン帝国軍は予想を上回る健闘を見せていた。

問題は、東アナトリア戦線であった。

東アナトリアは、緒戦にエンヴェルが自滅的な大敗を喫して以来、ロシアの侵攻にさらされていた。

この地には、多数のアルメニア教徒臣民が居住していたが、大戦のさい帝国政府は、彼らがロシアと共謀することを恐れ、大規模な強制移住計画を実行した。彼らはさしたる用意もなしにシリアの砂漠へと追いやられ、数十万人から一〇〇万人以上といわれる犠牲者を出した。このアルメニア人虐殺事件は、その責任をめぐり、現在にいたるまでトルコに暗い影を落とし続けている。

ハリル［クト］

一九一六年二月、要地エルズルムがロシアの手に落ちた。深刻な事態に対処するべく、アフメト・イッゼト将軍が指揮する第二軍は、アナトリア南東部に派遣されることが決定された。ケマルの第一六軍団も、同様に出立した。

オスマン帝国領の西端から東端への移動は、四〇日を要した。四月一日、南東部の中心都市ディヤルバクルに到着したケマルを待っていたのは、准将《ミールリヴァー》への昇進の知らせであった。ついにケマルは、「将軍《パシャ》」と

ケマルが指揮した第二軍司令部の建物（於ディヤルバクル）

なったのである。ケマルの、帝国軍における最後の昇進であった。

パシャとは、帝国の高位高官に与えられた、伝統的な称号である。近代のオスマン軍においては、将官がパシャの名乗りを許された。なお「ミールリヴァー」は、本邦では少将と訳されることも多いが、正確には准将に相当する。

このときすでに、ロシアは、エルズィンジャン、ヴァン、ビトゥリス、ムシュといったアナトリア東部の主要都市を占領していた。ディヤルバクルは、まさにロシアと相対する最前線にあった。

オスマン軍の反撃が開始されたのは、八月である。ケマルは、一六日にムシュ、そしてビトゥリスと立て続けに奪還した。第二軍司令官イッゼトが一九一六年一一月に戦線を離れると、ケマルが司令官代理となった。翌年三月には、正式に第二軍司令官に就任している。

ケマルの指揮下には、ヌーリとファアトも配属されており、ケマルは学友たちと肩を並べて戦った。ケマルにとって重要だったのは、イッゼトの参謀長を務めるイスメト大佐と深く知り合ったことである。当初ケマルは、イスメトを警戒していた。実直な軍人であるイスメトは、帝国軍の総指揮を執るエンヴェルに忠誠を誓っているという、もっぱらの評判だったからである。しかし、最後には両者は認めあい、イスメトはケマルを忠実に補佐するようになった。

ケマルをほかの軍人と異なるものにしていたのは、こうした前線の日々のなか、自身の思想を陶冶するための読書を怠らなかったことであろう。ケマルのなかで、新しくつくられるべき祖国はいかなるものか、改革のあるべき姿が構想されつつあった。当時ケマルの参謀長を務めていたイッゼッティン［チャルシュラル］によればケマルは、女性について、その髪を覆うヴェールを廃止し、自由を与えるべきだと語っていたという。またケマルは、神の存在について論じた書籍を読み、信仰の非科学性について批判的なメモを残している。

後年、大統領となったケマルが実際に着手した改革の原案が、すでにこのころ胚胎されていたのである。

ムスタファ・イスメト［イノニュ］

アラブ戦線と稲妻軍集団

冬に入ると、雪に閉ざされるアナトリア東部の戦線は膠着した。代わって争点となったのは、アラブ戦線である。

一九一七年初頭、大規模な増援をうけたイギリス軍は、シナイ半島を占領、さらにはク

エーリヒ・フォン・ファルケンハイン

ート奪還に成功した。またアラビア半島では、イギリス軍の情報将校である「アラビアのロレンス」が、現地のアラブ人にたいし、オスマン帝国から独立するよう使嗾《しそう》していた。これによってメッカの太守フセインが反旗を翻し、同地のオスマン軍はこれを鎮圧できずにいた。

　アラブ地域での、オスマン軍の退勢は止まらなかった。バグダードを奪われる（三月一一日）事態に、オスマン軍は大規模な軍集団を編成することでこれに対抗した。「稲妻軍集団《ユルドゥルム・グルプ》」と命名されたこの軍集団は、時期にもよるが第四軍、第七軍、第八軍で構成され、ドイツ軍のエーリヒ・フォン・ファルケンハイン元帥が軍集団司令官に補任された。ファルケンハインは、ドイツ陸軍の参謀総長を務めたこともある大物である。

　第七軍の司令官選びは難航したが、七月、最終的にケマルが任命された。就任早々ケマルは、エンヴェルとタラートに抗議の書簡を送った。ドイツ人は、戦争を長期化させることに利を得て、我々を植民地にしようとしている、と。

　ドイツ将校への不信は、ひとりケマルだけが募らせていたわけではない。ケマルの上官であるジェマルやイッゼトも、自国の利益を優先するドイツ人将校の行為を批判していたから、オスマン将校が共通して抱いていた思いだったのだろう。

しかし、ケマルの特異性は、そこから先にあった。エンヴェルとタラートへの書簡でケマルは、ドイツ人への不平をぶちまけただけではなく、より現実的な戦略も提示している。兵の練度が開戦当初に比べて落ちており、イスタンブルから遠くアラブへ兵を派遣すると、それだけで兵の半数が逃亡し脱落してしまうため、バグダードを奪回するのは難しい。ゆえに、残された国土を守ることに全力を費やすべきである。

さらにケマルの提言は、政府を強化すること、商業と経済を正常化し、賄賂や投機をやめさせることにまでおよぶ。一軍人の提言としては、異例のものだったろう。

もちろん、ドイツ軍と一蓮托生であるエンヴェルに、ファルケンハインを更迭《こうてつ》することはできなかった。エンヴェルはケマルを宥めようとしたが、ケマルの舌鋒は鋭さを増すばかりであった。九月二四日にエンヴェルに送った書簡でケマルは、ガリポリ半島と東アナトリア戦線で挙げたみずからの戦果を強調しつつ、前線の広範な指揮権を自分にゆだねるよう要請している。さもなくば辞任する、との脅し付きであった。

エンヴェルは、ケマルと親しいジェマルに仲介を依頼した。しかしジェマルの努力もむなしく、一〇月四日、ケマルは第七軍司令官を辞任する。アレッポ駅でイスタンブル行き列車に向かうケマルに、ファルケンハインは握手を求めたが、ケマルは彼に背をそむけた。ケマルの後任には、フェヴズィが任命された。フェヴズィは、ガリポリについで、またもやケマルの独断的な辞任の「後始末」を引き受けたことになる。

ケマルは、乗車券を買う金に苦慮し、愛馬たちを売ることで工面した。ジェマルがこれを仲介し、彼が色を付けたのであろう、ケマルは金貨五千枚という高額を手にしている。

帝都での陰謀

一九一七年一〇月末にイスタンブルに帰還したケマルは、母たちが住まうアカレトレル区の家ではなく、ベイオール区の高級ホテル、ペラ・パレスに宿をとった。宿賃は、予想外の高値で売れた愛馬の代金によってまかなったのであろう。

ここで、ひとりの男がくわだてた事件について話しておこう。ケマルがイスタンブルに帰還する、一年ほど前のことである。

予備役将校であったヤクプ・ジェミルは、一九一三年のエンヴェルによる大宰相府襲撃に参加し、当時の陸相を射殺した人物である。ヤクプは、スパイと謀略を任務とする、エンヴェルが結成した秘密組織「特別部隊《テシュキラート・マフスーサ》」での職務に携わっていた。しかし彼は、エンヴェルに昇進の口約束をふいにされたことに腹を立て、エンヴェルを批判する一方でケマルを賞賛し、さらにはクーデタを起こして連合国と講和する考えを口にするようになった。ヤクプは、具体的な行動にはいろうとした矢先に逮捕され、一九一六年九月一一日、処刑された。

ケマルは、ヤクプにあやうく連座しそうになるが、弁明によってそれは免れた。ヤクプの企てにケマルが無関係であるというのは、おそらく正しい。実際、ケマルは口を極めてヤクプを批判している。

しかし、ケマルがクーデタに関与しているという噂は、絶えなかった。ある将軍が、タラートを排除し軍事政府をつくるべきだ、とケマルを使嗾したという噂が流れたときは、エンヴェルはケマルを陸軍省に召還し、事実かどうか正している。

「三頭政治」の一角をになうジェマルは、ケマルと親しかった。そのため、ケマルがジェマルに、第二軍と第三軍を率いて帝都に進軍し政府を転覆すべきだと提案した、という風説もある。

統一進歩協会はクーデタと暗殺を武器として政権を獲得していたし、ケマルをはじめとした将校たちは、命令違反や独断専行に慣れていた。結果主義を許容する雰囲気がひろがるなか、統一進歩協会主流派に反発するケマルが陰謀をたくらんだという噂がたつのは、もっともなことである。

しかし実際のところ、これらの陰謀説には、どれも裏付けがない。このときのケマルは、上層部にいら立ちつつも、祖国を守るための任務に集中していた、とみるべきであろう。

ロシア革命とアラブ戦線の崩壊

一九一七年三月、長びく戦争のため経済的な困窮が続くなか、ロシア帝国では、首都ペトログラード（一九一四年にペテルブルクから改称）で民衆が蜂起する（二月革命）。臨時政府が設立され、ロシア皇帝ニコライ二世は退位した。こうして、一七世紀よりロシアに君臨し、三〇〇年にわたってオスマン帝国のライバルであったロマノフ朝が滅亡する。同年一一月、帰国したレーニンが主導するソヴィエトは、クーデタによって臨時政府を倒し権力を掌握、社会主義政権を樹立した。ロシア本国で革命のあらしが吹き荒れるなか、東アナトリア戦線のロシア軍は撤退し、オスマン帝国は旧領を回復することができたのだった。

東アナトリア戦線に余裕ができた一方で、アラブ戦線では、厳しい戦いが続いていた。一二月九日、イギリスの名将アレンビーによってエルサレムが陥落、アラブ戦線は崩壊しつつあった。迎え撃つファルケンハインは、キリスト教徒の聖地エルサレムでの戦いを避けたともいう。そのため、オスマン帝国士官のあいだでは、キリスト教徒のためドイツが故意に撤退したという推測が流れた。

皇太子とのドイツ訪問

一九一七年末、苦戦するドイツは、オスマン政府にたいし、援軍をヨーロッパ方面に派遣するよう要求した。その関係でドイツ皇帝ヴィルヘルム二世は、オスマン帝国皇帝をドイツに招待する。高齢で病がちであった現皇帝レシャトに代わって、レシャトの異母弟でこのとき五六歳であった皇太子ヴァフデッティンが訪問することになった。

皇太子のドイツ訪問に、武官として随行したのがケマルであった。

出立前にケマルがはじめてヴァフデッティンに面会したとき、彼は、眠たげな眼をこの青年将校に向け、気のない受け答えをするだけであった。

会見後、ケマルは同行者に、皮肉に言った。

「このみじめで哀れな男が、明日の皇帝となるのか。彼になにが期待できよう？」

しかし、ドイツへの道中、ヴァフデッティンは、出立前の気のない受け答えから一変して、ケマルに親しく接した。彼は統一進歩協会嫌いで知られていたから、協会主流派と距離を置くケマルに好意を抱くようになったのかもしれない。ヴァフデッティンは、「貴官をよく知っておる。アルブルヌとアナファルタでの勝利は有名だ。イスタンブルを救った司令官！」と賞賛している。

ヴァフデッティン（メフメト6世）

ケマルは、次期皇帝との降ってわいたコネクションを生かそうと努めた。このときイスタンブルに司令部があった第五軍の司令官に就くよう皇太子に勧め、自分はその参謀長の地位を希望したのだ。しかし結局、彼の猟官活動は、はぐらかされたまま終わる。ヴァフデッティンの好意は、あくまでリップ・サービスにとどまっていたようだ。

皇太子一行が目指したのは、ドイツ西部の町バート・クロイツナハであった。ここにはドイツ軍の総司令部が据えられており、ドイツ皇帝ヴィルヘルム二世も座していたのである。

ドイツ皇帝は、ケマルのことを聞きおよんでいた。「貴官は第一九師団の指揮官で、ダーダネルス海峡とアナファルタを救ったムスタファ・ケマルであるか?」と気さくに声をかけている。

しかし、ケマルのドイツ軍にたいする批判精神は、滞在中にもいかんなく発揮された。ヒンデンブルク元帥と会見したさい、西部戦線への攻勢を誇る彼にたいしてケマルは、これは部分的なものに留まるでしょう、と率直な意見を開陳している。

バート・クロイツナハを発った一行は、クルップ社の銃砲工場を見学したあと、ベルリンに一〇日ほど滞在し、一九一八年一月四日、イスタンブルへと帰還した。二〇日間のドイツ滞在でケマルは、ドイツの勝利はありえないと確信し、皇太子に、ドイツにオスマン帝国の命運をゆだねるのは愚かだ、と悟らせようとしたという。

再評価されるガリポリの英雄

イスタンブルに戻ったケマルは、左の腎臓に感染症を発症し、一か月のあいだ寝台から立ち上がることもできず、静養することになった。ケマルはその後も、再発に悩まされている。

ケマルの次の任務は、なかなか決まらなかった。

しかし、帝都で無聊をかこつケマルを、ようやく世論が見出した。トルコ主義者の団体

「トルコ人の炉辺《テュルク・オジャウ》」による刊行物『新評論《イェニ・メジュムア》』より取材を受け、ガリポリの戦いの特集号に、「アナファルタの英雄ムスタファ・ケマルの談話」と題するインタビュー記事が掲載されたのだ（一九一八年三月二八日）。ケマルを賞賛したこの記事は、彼の国民的英雄としての名声を一気に高めた。

その数か月後には、「大戦の有名な司令官二〇人」という『七日《イェディ・ギュン》』紙の特集のなかに、ケマルが名を連ねた。

埋もれていたケマルの名声が再発見されたことは、彼の自尊心を満足させたばかりではなく、来るべき国民的指導者としての彼の立場を準備した。

ドイツでの湯治

しかしその一方で、ケマルの腎臓の調子は、芳しくなかった。病に苦しんだケマルは、ドイツの保養地カールスバートで療養することを決める。現在はチェコ領でカルロヴィ・ヴァリと呼ばれる、世界的に高名な温泉地である。

ケマルが申請した休暇を、エンヴェルは喜んで認め、旅費を与えた。自分にたてつくこの厄介者を、しばらく追い払えると考えたのであろう。道中、旅行鞄を紛失し文無しになるという災難に見舞われたものの、一九一八年六月三〇日、温泉街に到着した。

贅沢好きのケマルは、質素な療養所の施設に不満を漏らし、医師にたしなめられている。

ともあれ、湯治と規則正しい食生活は、ケマルの体調を回復させた。それに加え、友人たちとの語らいや読書に没頭する日々は、祖国の将来についての思索を深めるものであった。

ケマルの思索の日々を終わらせたのは、皇帝レシャトが崩御した、との知らせだった。死因は糖尿病であったとも、スペイン風邪であったともいう。七三歳であった。

代わって即位したのは、ケマルとともにドイツを視察したヴァフデッティンであった（メフメト六世とも。位一九一八〜二二）。ケマルは、事態が動くことを予感し、ただちに帰国を決意した。道中、スペイン風邪の流行によりウィーンで足止めされたものの、八月四日にイスタンブルへと到着する。

帰国後ケマルは、新皇帝ヴァフデッティンと都合三度、拝謁している。

ケマルは、ヴァフデッティンが総司令官の実権をその手に握ることを進言した。現在の総司令官代理はエンヴェルであるから、エンヴェルから軍の指揮権を奪うように、という意味である。また、ケマル自身は、遠回しに参謀総長への就任を望んだ。

しかし新皇帝は、統一進歩協会を嫌っていたものの、ドイツとかかわりの深いエンヴェルを、ただちに排除するつもりはなかった。

六　敗軍の将

みたびシリアへ

結局、ケマルは新皇帝とのコネクションを生かしきれず、イスタンブルから離れることになった。パレスティナに布陣する第七軍司令官に、ふたたび任命されたのである。

アラブ戦線は、このときファルケンハインに代わってザンデルスの総指揮下にあった。ケマルはガリポリ半島以来、ふたたびザンデルスのもとで戦うことになる。

ケマルは、一九一八年八月二六日、アレッポに到着する。初軍務のとき、そしてファルケンハインとの確執によって離任したときに続き、三度目のシリアの地である。

ケマルの指揮下には、第三軍団長のイスメト大佐、第二〇軍団長のフアト准将が配属された。ふたりとも、ケマルと旧知かつ有能な軍人である。ケマルの第七軍のほかには、第四軍と第八軍がアラブ戦線に投入されていた。

往時であれば、有能な同僚と友軍を得て、ケマルはアラブ戦線で存分に手腕を発揮できたはずである。しかしこのときすでに、増員されたイギリス軍の猛攻の前に、オスマン軍の敗勢は明らかであった。ケマルは、「我々は、イギリス軍の前にあっては、木綿糸のようだ」と慨嘆している。

このころ、ケマルに、ヴァフデッティンの侍従武官に任命するという知らせが届いた。きわめて権威のある職であるが、ケマルは、「くだらない職だ」と吐き捨てている。

アラブ戦線に展開したイギリス軍は、名将アレンビーのもと兵力の増強を果たしていた。

はたして、アレンビー率いるイギリス軍の北進をオスマン軍は食い止めることができず、九月一九日のメギドの戦いで第八軍は壊滅する。

ザンデルスは、司令部を撤退させつつ抵抗を試みたが、オスマン軍は三〇万人におよぶ逃亡兵をだし、壊滅的な状況に陥った。ダマスカスが陥落した一〇月一日、ザンデルスになす術はなく、ドイツ士官を脱出させる決定を下した。

一〇月七日、ケマルはイスタンブルの宮廷に、怒りに満ちた内容の電報を打った。

「整然たる撤退ができたはずでした――エンヴェルのような愚か者が総責任者でなければ。ここに五千から一万の兵を指揮していながら、砲声ひとつで軍を放り出し、助かるため恐慌に陥った鶏のごとく、あちこちに隠れる司令官（第八軍司令官ジェヴァト〔チョバンル〕）がいなければ。兵の状況を顧みない第四軍司令官（ジェマル〔メルスィンリ〕。三頭政治のジェマルとは別人〕）がいなければ。彼らを統括する、戦いの最初からまったく無力な集団（ザンデルス元帥ほかドイツ将校）が司令部でなければ。……時ここにいたっては、もはや和平のほかなす術はありません」

陸相、将軍ふたり、そして元帥を激烈に非難する、あまりに苛烈な内容である。ケマルは、これまでも苛烈さと頑なさを隠すことはなかったが、それでも一戦は越えずにいた。しかし、敗戦を目前にして、上官たちへの怒りを抑えられなくなったのであろう。

いずれにせよ、敗走するオスマン軍をまとめる任務は、いまやケマルにゆだねられた。再発した腎臓の病を押しながら、ケマルは一〇月二六日、アレッポ北方に司令部を築く。ケマルはなお、イギリス軍への抵抗を諦めていなかった。

オスマン帝国政府が連合国に降伏したのは、それからまもない一〇月三〇日のことである。エーゲ海のリムノス島に停泊したイギリス戦艦アガメムノンの船上で、ムドロス休戦協定が結ばれた。

同日、ザンデルスは、稲妻軍集団の全権をケマルにゆだねた。ついにケマルは、アナトリア南方からアラブ地域にいたるまでのオスマン帝国軍の全権を握る立場となった——敗軍の将として。

このときケマルに許された仕事は、いかにして負けるか、であった。

新内閣

ここで時間をひと月ほど戻し、オスマン政局の動きを説明しておこう。

一〇月八日、タラート内閣は、敗戦の責任を取り総辞職した。むろん、エンヴェルとジェマルも、それぞれ陸相と海相を辞している。統一進歩協会主流派の政権は、崩壊した。バルカン戦争のさなか、クーデタにより実権を奪ってから五年。彼らがなしえたのは、オスマン帝国を崩壊に導いたことだけであった。戦犯たる彼らは、休戦協定締結直後の一一月一日夜、ひそかに黒海を渡り、クリミア半島経由でドイツに亡命することになる。

アフメト・イッゼト［フルガチュ］

新大宰相として、ヴァフデッティンの姉を妻とする女婿《ダーマト》フェリトの名が取りざたされた。彼は皇帝と昵懇《じっこん》の仲であり、激烈な統一進歩協会反対派として知られていた。しかし彼の任命は、政府に過度な軋轢を招きかねないという理由で却下された。

代わって大宰相に就任したのは、東アナトリア戦線でケマルの上官だったイッゼト将軍だった。ケマルの盟友フェトヒが内相、ラウフが海相として入閣する。

イッゼトは党派性の薄い旧世代の軍人であった。フェトヒもラウフも、統一進歩協会に属してはいるが、非主流派である。いまだ支持者の多い協会支持者に一定の配慮をしつつ、戦争の責任者を排除し、連合国との休戦交渉に挑もうという、新内閣の性格をよく示していよう。ケマルは、自身が陸相に任命されることを望み、そのための打診もしていたのだが、結局、陸相はイッゼトが兼ねることとなった。

ケマルは、ラウフとフェトヒを通して、なぜ自分が陸相に任じられなかったのかを問うた。それにたいしてイッゼトは、ケマルはアラブ戦線に必要であるから、まずザンデルスの後釜に据え、危機を乗り切ったのちに陸相に任命しようと考えている、と答えた。しかし実際のところ、イッゼトは、ケマルをあまりに野心的であるとみなしていたため、彼の登用を避けたのであった。

前陸相のエンヴェルは、この人事を聞くと、「イッゼト将軍では、陸相は務まるまい。彼のあと、台頭するのはムスタファ・ケマルだ」と漏らしたという。

ムドロス休戦協定

新体制となったオスマン政府は、イギリスとの休戦交渉に臨んだ。海相ラウフが休戦交渉の全権となった。統一進歩協会の主流が親ドイツ派だったのにたいし、ラウフは親イギリス派として知られていたため、適任とされたのだった。

イギリス戦艦アガメムノンの船上で交渉が始まったのは、一九一八年一〇月二四日である。ムドロス休戦協定は、一〇月三〇日に締結された。休戦は、政府や世論に好意的に迎えられた。長い戦いにようやく終わりが来た、という安堵の念は大きかったのである。

しかし、ケマルをふくめた一部の軍人たちは、条文があいまいであることの危険性に気づいていた。とくに問題視されたのが、「連合国の安全を脅かす事態においては、連合国軍はあらゆる戦略拠点を占領しうる」ことを含んだ第七条であった。これは、連合国軍による際限ない国土の占領が可能であると解釈しうるものだった。

ケマルの懸念は的中し、休戦協定締結後も、連合国軍の侵攻はやまなかった。

イギリス軍は石油を産出することで知られる北イラクのモースルを占領し、地中海東岸の港湾都市イスケンデルンに迫った。ケマルは、上陸するなら反撃を辞さないと明言したが、最終的には大宰相の命令により、戦わずして引き渡さざるをえなかった。ケマルは、大宰相と幾度も電報をやり取りして抗議したものの、致し方なかった。二〇年後、大統領となったケマルはこの地を取り戻すことになる（二四八頁）。

ケマルは、武装解除と撤退を指揮するなか、武器弾薬をアナトリアに運び込み、隠匿するよう努めている。来るべき反撃のための準備であった。

武器や兵力を温存しようとしたのは、ケマルだけではなかった。とくに、ロシア軍が撤退したことで安定していた東アナトリア戦線の将軍たちには、軍需物資を引き上げて秘匿する余裕があった。当地の司令官であったカラベキルが、バトゥムで日本製の野砲を鹵獲《ろかく》し、トラブゾンに移送したという逸話も伝わる。

こうした試みは、イスタンブルの陸軍省も把握していたようだ。陸軍省の高官たちは、可能な限りこうした試みを援助しようと努めた。

もちろん、軍需物資の最大の集積地は帝都イスタンブルだった。のちに、ハリデ・エディプ（一二六頁）をはじめとしたレジスタンスの活動家たちは、帝都に保管された武器弾薬を――おそらくは陸軍省の黙認のもと――アナトリアへ密輸することに努める。

稲妻軍集団にも、ついに解散命令が下された。大宰相イッゼトは、ケマルに帝都に帰還するよう電信で伝えた。ケマルは、みずから軍を解散するような真似は「オスマン帝国、とりわけ現政府の歴史にとって、黒塗りの頁となるだろう」と、怒りに満ちた返信を送っている。その署名には、肩書きを記さなかった。

任を解かれたケマルは、アダナで列車に乗り、帝都へと向かった。

第三章

国民闘争の聖戦士《ガーズィ》

——1919〜1922年

サカリヤ川の戦いの直前、総司令官に任命されたケマル。彼がかぶるカルパク帽は、もともとトルコ系民族の伝統衣装で、国民闘争の象徴となった

一　帝都混迷

帰還

ケマルが、イスタンブルのアジア側、ハイダルパシャ駅にたどり着いたのは、一九一八年一一月一三日の朝である。ドイツ人建築家の手による勇壮な威容を誇る駅舎は、起きたばかりの火災により、うらぶれた姿になっていた。ケマルを出迎えたのは、旧知の軍医ひとりであった。

この日、六〇隻をこえる連合国艦隊がボスフォラス海峡に到着し、ドルマバフチェ宮殿沖に投錨《とうびょう》していた。敵艦隊が海峡をわが物顔に往来し、あまつさえ宮殿を睥睨《へいげい》するなど、イスタンブルが帝都になって四世紀半、はじめてのことであった。

艦隊を避けるため、ケマルはヨーロッパ側に渡河するのを長く待たなくてはならなかった。艦隊を見つめるケマルは、副官に「彼らは、やってきたのと同じように、去ってゆくだろう」とうそぶいたという。

イスタンブルに戻ったケマルは、定宿としていた高級ホテル、ペラ・パレスに投宿する。

あるとき、ホテルのレストランで食事をしていたイギリス将軍ハリントンは、向かいのテーブルにいるのをケマルだと知り、彼を自分のテーブルに誘った。しかし、ケマルはこれを断る。

「ここのあるじは我々で、貴官は客人です。そちらが、我々のテーブルに来るのがよろしいでしょう」

有名な逸話であるが、「主人」であるはずのケマルはこの高級ホテルを、一週間ほどで引き払った。英仏将校が出入りする雰囲気を嫌ったとされるものの、実際には金銭的な理由だったろう。

ハイダルパシャ駅

代わってケマルは、陸軍士官学校と同じシシュリ区に居を構える。現在、アタテュルク博物館となっているこのアパートには、ケマルの同志たちが足しげく通い、現状を打開すべく密談を重ね、策を練ることになる。

ケマルは、アカレトレル区にいる母と妹のもとにも、もちろん顔を出していた。ここには、ケマルを慕うフィクリエもしばしば訪れていた。ケマルは同伴者が必要なパーティのさいには、彼女をともなうのを常とした。

また、大戦を通じて親しく文通を続けていたコリーヌも、

シシュリ区でケマルが借りていたアパート

シシュリにもほどちかいベイオール区に、父とともに住んでいた。ケマルと同志たちが、彼女の家で密談することもあったという。

ちなみに、ケマルがサムスンに出立したのち、コリーヌとその家族は当局から厳しい監視を受けた。家宅捜索に踏み込んだイギリス兵が、飾ってあったケマルの写真を降ろすよう命じると、彼女は、「あなたがたは写真を怖がっているのですか」と毅然として退けたという。

しかるのち、身の危険を感じた彼女たちは、一家のルーツであるイタリアへと移住する。その後、コリーヌがケマルと再会することはなかった。彼女は、大統領となったケマルに面会を申し込んだが、ケマルはこれを断ったという。彼女がトルコを再訪したのは、ケマル死後の一九四一年であった。

流動化する政局

オスマン政界は、統一進歩協会主流派が崩壊したことによって、再編へと向かっていた。協会は、タラートらが亡命した一一月一日に活動を停止、それをうけて、非主流派がいくつかの新党派を結成していた。

ケマルは、そのうち最大の党派であり、イスマイル・ジャンブラトらが結成した再生党への入党を報じられたが、「政治と軍事は切り離すべきである」との持論を展開し、これを否定した。

しかし、このころ軍人としてもっとも強い発言力を持つひとりであるケマルが、政治と無関係でいられる状況ではなかった。実際、ケマルは、事態を打開するためにさまざまな手をうつ。

そのひとつは、旧友フェトヒとの活動である。フェトヒは、タラートより、統一進歩協会の指導者となるよう提案されていた。しかし彼はこれを断り、新たにオスマン自由主義者民衆党を結成した。ケマルはこれに協力するとともに、機関紙『説教壇《ミンベル》』に出資し、幾度も寄稿した。同紙はケマルのインタビューも掲載し、ケマルの英雄化に一役買うことになる。

イスマイル・ハック・ジャンブラト

革命の元勲たる「最初の五人」

この時期のケマルの同志は、政治家として活動するフェトヒにジャンブラト、元海相でケマルに劣らぬ名声をもつラウフ、そしてカラベキルであった。アンカラの第二〇軍団長であるファアトも、療養を理由としてイスタンブルに戻っていた。

またこのころ、憲兵総司令官レフェト［ベレ］も同志に加わった。彼は一八八一年にサロニカで生まれており、ケマルと同年同郷である。軍が解体されていくなか、憲兵の協力は重要だった。

ほぼ同世代である彼らは、このあと本格的に開始される国民闘争を牽引した、革命の元勲となる。

まもなく逮捕されるフェトヒとジャンブラトを除く、ケマル、ラウフ、カラベキル、ファト、レフェトは、のちの研究者に、国民闘争の「最初の五人《イルク・ベシレル》」と称された。

ほどなくして、彼らの謀議には、イスメト大佐も加わっている。彼らは、幾度となくシシュリのケマルの部屋に集い、来るべき祖国の将来について議論を重ねた。国民闘争初期のプランは、ケマルのこの部屋で、彼らによってつくりあげられたといってよい。

帝都での策謀

ケマルたちの当面の目的は、一一月八日に大宰相を辞任していたイッゼトを復帰させることであった。ケマルの上官でもあったイッゼトは、いまなお彼らの「神輿《みこし》」としてふさわしかったのである。彼らは議会での多数派工作を行い、新大宰相テヴフィクとその内閣への不信任案可決を試みるものの、投票を約束した議員たちは土壇場で裏切り、過半数に達しなかった（一一月一九日）。

一方ケマルは、皇帝の侍従武官という特権を生かし、ドイツ旅行で知己を得ていたヴァフデッティンに面会するが、色よい返答はなかった。彼は、軍部のクーデタを恐れており、軍の信頼が厚いケマルを無碍《むげ》に扱うようなことはしなかった。しかし、政権の根幹にかかわるような地位については、みずからの側近で固め、ケマルの要求をのらりくらりとかわした。

このころケマルが、非合法な手段に訴えることを考えていた、とする説もある。実際、エンヴェルがつくった地下組織「黒腕《カラコル》」（「哨所《しょうしょ》」を意味する）の指揮官カラ・ケマルは、大宰相テヴフィクの身柄をさらう計画を、ケマルに持ち掛けている。

しかし、ケマルは、ヴァフデッティンから一定の信頼を寄せられていたし、すでに軍人のなかでもっとも影響力を持つひとりになっていた。そのため過激な方法をよしとせず、この提案を断っている。

カラ・ケマル

テヴフィク内閣への不信任案はいったん否決されたものの、政府への批判は高まっていた。旗色が悪いと判断したテヴフィクは、皇帝に懇願し、議会を一二月二一日に解散させた。

皇女との縁談

このころ、ケマルに、サビハ皇女との縁談がにわかに持ち上がっている。

ヴァフデッティンの侍従が推薦したといわれるこの縁談話に、ケマルは当初、興味を示したようだ。エンヴェルとナジエ皇女との結婚は、記憶に新しい。売り出し中の若手将校と皇女の結婚は、あながち荒唐無稽という訳ではなかった。

しかし、相談をうけたケマルの友人である軍医は、「君は、ふた月もたてば、どんな女性にも飽いてしまうよ。そうしたら皇女との結婚に、耐えられない時期が来てしまう。それはともかく、もし皇族と結婚したら、君がいつも批判していたエンヴェルと同じになる！」と忠告した。

彼の言葉が響いたかはわからないが、ケマルは、婚約前に皇女と会ってみたい、と仲介者に頼んだ。これは、当時の慣例からいってありえないことだったから、実質的な断りの返事であった。

とはいえ、もしケマルが結婚の意思を示したとしても、実現したかどうかはわからない。皇帝自身は、この結婚に乗り気ではなかったからだ。彼は、「朕は、宮廷にふたり目のエンヴェルは欲しくない」と語っていたのである。いずれにせよ、サビハはふたり目のナジエとなることとなく、別の皇族と結婚することになる。

ケマルの女性観もうかがえる面白い逸話ではあるが、その信憑性には疑問符を付ける研究者もいる。ここでは、ケマルをとりまく「伝説」のひとつとしてとらえておこう。

危機と混乱

年が明けた一九一九年一月末、統一進歩協会関係者にたいする一斉検挙が行われた。その理由は、アルメニア人への戦争犯罪、ギリシア人のエーゲ海岸からの強制移住、クート奪取のさいのイギリス人・インド人捕虜への虐待である。

カラ・ケマルやジャンブラトら統一進歩協会の領袖《りょうしゅう》たち三〇名ほどが次々と捕らえられ、マルタ島へと流刑になった。

首魁のエンヴェルと不仲だったとはいえ、ケマルも統一進歩協会に名を連ねていたから、逮捕される危険もあった。しかしケマルは、ヴァフデッティンの意向もあり、逮捕を免れる。軍の信頼厚いケマルを逮捕した場合、軍が蜂起する可能性が危惧されたのである。

ダーマト・フェリト

三月、テヴフィクにかわって大宰相に就任したのは、ケマルたちが推すイッゼトではなく、親イギリス派であり、統一進歩協会を忌み嫌うフェリトであった。フェリト内閣の関心は、統一進歩協会の残党を抑え、連合国の信頼を勝ち取ることにあった。抵抗運動に加わりうる主要人物は、次々と逮捕されていった。

なかでも、政治力のある盟友フェトヒが逮捕されたのは、ケマルにとって大きな痛手であった。フェトヒは五月にマルタ島に流刑となり、国民闘争のもっとも厳しい時期を牢獄で過ごすことになる。彼が釈放されたのは、二年後であった。

事態の悪化を観取したケマルとその同志たちは、イスタンブルでの活動に限界を感じざるをえなかった。シシュリで密談を重ねた彼らは、帝国軍の武装解除を食い止め、国民をひとつにまとめ、アナトリアで抵抗の基盤を築くことを目的とするようになった。

そのようななか、フアトは三月初頭に任地のアンカラへと戻り、カラベキルは同月一三日、みずから要求して、エルズルムの第一五軍団長に任命された。

エルズルムを中心に東方に配備されたオスマン軍は、ロシアの離脱により大戦末期から兵力を温存しており、敗戦後の武装解除命令にたいしても、さまざまな理由を付けてかわし続けていた。このころ、残存するオスマン帝国軍三五〇〇〇人のうち、じつに一九〇〇〇人が第一五軍団に属していた。ゆえに、後述する東方諸州権利擁護協会の結成（一三五頁）とあいまって、重要な抵抗の拠点となりうる存在であった。

侵食される国土

オスマン帝国は、その沿岸地域を中心に、つぎつぎに連合国の占領下に入っていった。ダーダネルス海峡とボスフォラス海峡は連合国の共同管理となり、イスタンブルにはイギリス兵三五〇〇名が上陸した。

モースルやイスケンデルンなど北イラク・シリア、アンテプ、ウルファ、マラシュ、アダナといった南東アナトリア、カルスやバトゥムなど北東アナトリアも、英仏の手に渡った（北東アナトリアからは、ソヴィエト政権の伸長にともない撤退）。アンタリヤをはじめとした地中海沿岸には、イタリア軍が上陸した。ヨーロッパ側であるトラキア西部にはギリシア王国が進駐している。

敗戦時には保たれていた帝国本土は、つぎつぎに切り取られつつあった。

外国ばかりではなかった。アナトリア内部では、列強の支援を期待した非ムスリム臣民、おもにアルメニア教徒とギリシア正教徒が、騒擾《そうじょう》を引き起こしていた。彼らは民兵を組織し、すぐ後述するムスリム側の同様の組織と衝突した。一般の臣民とこうした民兵の境目はあいまいであり、抗争の激化は、アナトリアを急速に不安定化させていった。

「草の根」抵抗運動の登場

このように、アナトリアが侵食されていくことに直面し、各地でつぎつぎと、これに抵抗する「権利擁護協会」が設立されていった。これらの結成には、統一進歩協会のネットワークも大きな役割を果たしたとされる。

また抵抗運動は、小規模な武装集団によっても担われた。非ムスリム側の武装組織に対抗するため――どちらが先かは、まさに鶏と卵の関係であろうが――に形成された彼らは、「チェテ」と呼ばれた。平時には、やくざや山賊と紙一重の存在であったはずの彼らは、国民闘争初期には、英雄的な義賊として活躍した。しかし、彼らは軍紀と無縁であったから、しばしば凄惨な暴力を引き起こすこともあった。

良くも悪くも、こうした集団が国民軍として編成され、独立運動を支えていくのである。抵抗運動の頻発と、非ムスリムの安全が脅かされている状況に、対応を迫られたのはイギリスである。第一次世界大戦終結後、動員解除が進むイギリス軍は、サムスンをはじめとした要所に小規模な部隊を展開させてはいたが、秩序を実力で維持する能力は有していなかった。そのためイギリス軍のカルソープ提督は、各地で形成されている組織を解散させよ、と大宰相に依頼せざるをえなかった。

監察官への任命

事態を解決すべく、皇帝と大宰相が白羽の矢をたてたのは、ケマルであった。ケマルをアナトリア東部に派遣し、反乱分子の鎮圧と秩序の回復を命じようというのである。

ケマルは、第九軍（のちに、名称のみ第三軍に変更）監察官という、極めて大きな権限を持つ地位に任命された。監察官という語感からは、たんに軍の実態を調査するような実権のない役職だと、読者は想像するかもしれない。たしかにアブデュルハミト二世期まで、監察官といえば、軍参謀部に所属し、教練を担当する役職にすぎなかった（ただし、治安維持のため広範な権限を付与された総監察官が、一時的に任命されたことはある）。

しかし第二次立憲政の時代、軍司令官よりも上位の地位として、軍事のみならず民政をも監督する権限を持つ、新しい監察官職の創設が構想された。そのさいは実現しなかったが、国土の不安定化に対処するため、あらためて監察官職が設立されたのである。

このとき設置されたのは、イスタンブル周辺を管轄する第一軍監査官、コンヤを拠点とし西アナトリア方面を担当する第二軍監査官、そして東アナトリアを受け持つ第九軍（第三軍）監察官の三つであった。第一軍監察官にはフェヴズィ、第二軍監察官にはジェマル［メルスィンリ］が任命されている。

メフメト・ジェマル［メルスィンリ］

ケマルにとっては、稲妻軍集団司令官に匹敵する、高位への任命である。ケマルはこれを受諾し、幕僚の選定に取りかかった。士官学校の学友であるアユジュ・アリフ中佐をはじめ、文民を含めた二〇余名のスタッフが招集された。またレフェト大佐は、このときスィヴァスを拠点とする第三軍団長に任命され、ケマルに同行することとなった。

ケマルの監査官任命には、適性を疑う向きもあった。しかし五月一三日、ケマルは皇帝ヴァフデッティンに謁見し、金時計を下賜されている。そのあと大宰相は、ケマルほか数名の有力軍人を夕食に招き、ケマルが政府の命令に従うことを確認した。大宰相の邸宅を辞すと、同行した参謀総長ジェヴァトは、ケマルに、「貴官は、なにかするつもりなのだろう？」と尋ねた。ケマルは答えた。

「そうです、閣下。私はなにかをなすでしょう」

皇帝の「密命」はあったのか

近年のトルコでは、ヴァフデッティンがケマル派遣に果たした役割を強調し、彼が国民闘争の陰の立役者であるとみなす見解が、保守派の歴史家から提示されている。

たしかに、ヴァフデッティンが最終的に是としなくては、ケマルの監察官任命と東方への派遣はなかったであろう。しかし、ヴァフデッティンが、帝国分割の阻止と国民的抵抗まで見据え、「密命」を託してケマルを派遣したと考えるのは、難しい。先に言及した、ヴァフデッティンがケマルに与えた金時計は特別なものではなかったし、ケマルに追加の費用を与えた形跡もない。むしろケマルは、アナトリアに渡ったあと、活動費に困窮しているくらいである。

ケマルは、後述するように、ヴァフデッティンを可能な限り尊重する姿勢を崩さないでいたが、それは帝国と皇帝（＝カリフ）に敬意をもつ人々からの支持を考慮してのことだった。

そのケマルに、帝国軍の維持と抵抗を期待していたのは、軍部であった。彼らはケマルらの活動に一定の理解を示し、アナトリアでの抵抗運動と歩調を合わせようとした。

軍部とことなり、ヴァフデッティンの信任厚いフェリト内閣は、抵抗運動を攻撃するのをためらわなかった。皇帝がケマルに期待していたのは、あくまで連合国を刺激しないために抵抗運動を鎮めることであって、抵抗運動を組織化し連合国の支配に抗することなど、予想の埒外にあったといってよいだろう。

エレフテリオス・ヴェニゼロス

ギリシア軍のイズミル占領

ケマルがイスタンブルを離れる直前の五月一五日、帝国全土を揺るがす事件が起きた。ギリシア軍がエーゲ海を渡り、アナトリア西岸の都市イズミルに上陸したのである。古名をスミルナというこの町は、オスマン帝国きっての交易都市であった。イズミルを中心とする地域の人口およそ九四万人のうち、約六割がギリシア系であり、ムスリムはその半数であった。

ギリシア王国のアナトリア侵攻は、バルカンとアナトリア、そしてコンスタンティノープル（イスタンブル）を征服し、ビザンツ帝国を復興させるという「大理想《メガリ・イデア》」という理念に基づいたものだった。

侵攻を計画したのは、古代アテネの名政治家ペリクレスに並ぶと評された、首相ヴェニゼロスである。オスマン帝国支配下のクレタ島で生まれた彼は、ギリシアの民族主義運動と近代化を主導し、イギリス首相ロイド・ジョージの強力な信任を得た。イギリスは大戦で疲弊し、アナトリアに割く余力をもはや失っていたから、ギリシアがアナトリア西部に進出し、戦勝国の利益を確保する役目を買って出てくれたのは、イギリスにとっても渡りに船であった。

こうしてイギリス艦隊の支援のもと、ギリシア軍はエーゲ海を渡り、イズミルに入る。しかし、この占領は大きな混乱と衝突をもたらし、三〇〇名以上のトルコ人が死傷する惨事となった。ギリシア軍はイズミル周辺の地域にも軍を展開したが、やはりムスリム住人にたいして蛮行を働いた。こうした事態は、オスマン全土に衝撃を与え、帝国世論を沸騰させた。ケマルがイスタンブルを離れたのは、その翌日であった。

二　闘争のはじまり

国民闘争

一九一九年五月十六日、ケマルとその幕僚は、老朽船バンドルマに乗り、荒れた黒海に船出した。船酔いに悩まされつつ、ケマル一行が黒海南岸の町サムスンに到着したのは、五月一九日の朝であった。

現在のトルコ共和国における公式見解では、この瞬間にこそ抵抗運動がはじまったとされている。大統領となったケマルが行った「演説《ヌトゥク》」（二三〇頁）が、サムスン上陸から語られているのは、その象徴である。五月一九日は、「若者とスポーツの日」という国民の祝日に定められ、毎年、独立を記念する祝祭が開かれている。

しかし、この日以前からすでに、アナトリア各地で抵抗運動が開始されていたのは、無視できない事実である。また、ケマル自身も、この時点で帝国そのものと袂を分かつ決断をしていたとはいえない。ゆえに、この日を抵抗運動の原点とするのは、ケマルを主人公にすえた、後代の歴史観に基づいたものであることに留意しておきたい。

また、この抵抗運動は、「国民闘争《ミッリー・ムジャーデレ》」、「独立戦争《イスティクラル・サヴァシュ》」、あるいは「解放戦争《クルトゥルシュ・サヴァシュ》」と、現在さまざまな名で呼ばれている。本書では、共和国成立を目的論的な前提とした「独立」や、軍事衝突にイメージが限定される「戦争」を含む呼称ではなく、より広範な運動や抵抗という含意をもつ「国民闘争」という呼称を、便宜的に採用しておきたい。

サムスン上陸

ケマルが上陸したサムスンは、古代ギリシア時代より続く都市で、古名をアミソスという。

都市部には多くのギリシア系住人が居住しており、アルメニア系も少なくなかったが、大戦末期の混乱で、多くの犠牲者がでた。

こうした理由もあり、ムドロス休戦協定締結にともなって、二〇〇人ほどからなるイギリス軍の部隊が、この都市に駐屯していた。イスタンブルの連合国司令部から、ケマルを監視するよう命じられた駐屯部隊のハースト大尉は、ケマルの動向について頻繁に報告をあげている。

サムスンに上陸して一週間もたたない五月二五日、ケマルは内陸のハヴザへと移動した。ハヴザは、温泉の村として知られる。内陸部の視察と湯治が表向きの理由だったが、実際にはイギリス軍の監視を避け、アナトリア

国民闘争関連地図

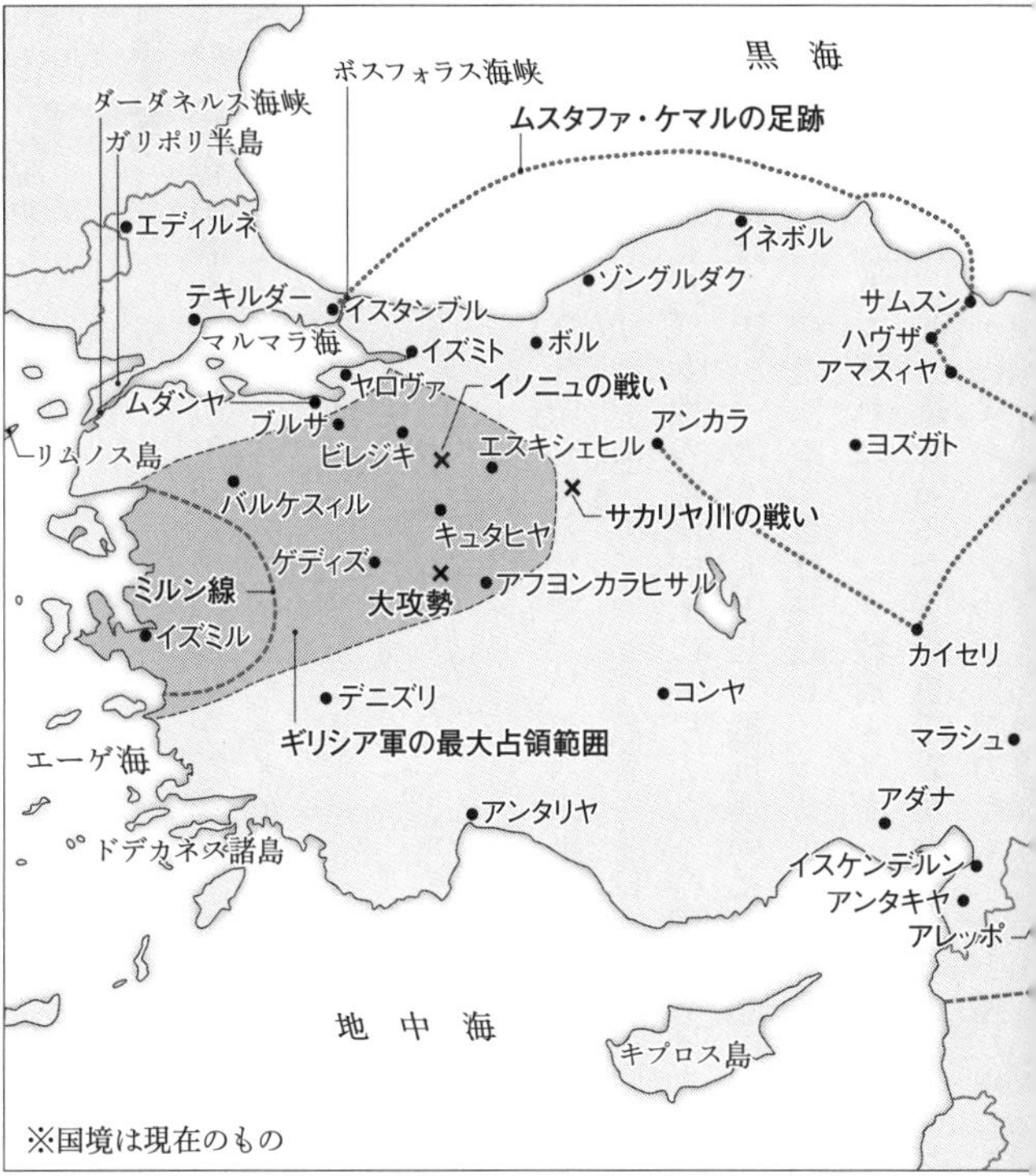

各地の将校たちと連絡を取り合い、抵抗運動を組織化するためであった。

ハヴザの住人はケマルを熱烈に歓迎した。ケマルは、地元有力者に権利擁護協会を組織するよう要請するとともに、五月三〇日には金曜礼拝に出席した。

この日、ハヴザではイズミル占領にたいする抗議集会が開催されてもいる。この「抗議集会」について、少し説明しておく必要があるだろう。

抗議集会

このころ帝国各地では、ギリシアの侵攻を契機として、抗議集会が開かれた。とくに帝都イスタンブルでは、ファーティフ、ウスキュダル、カドゥキョイ、スルタンアフメトの各地区で開催されている。なかでも、五月三〇日に挙行されたスルタンアフメトでの集会は、二〇万人が参加した巨大なものだった。

イスタンブルでの抗議集会を組織したのは、女性作家ハリデ・エディプをはじめとした人々である。

ハリデは、宮廷の会計係を父として、一八八四年に生まれた。ケマルとほぼ同世代である。ウスキュダルのアメリカン女子カレッジで教育を受けた彼女は、少女のころより小説家や翻訳家として活躍した。女性の地位向上にも尽力し、帝国におけるフェミニズム運動の最初期を担う。敗戦後は、ナショナリストとして抵抗運動に精力的に従事する。スルタンアフメト集会で彼女が行った演説に参加者は熱狂し、ハリデの名は不朽のものとなった。

運動の盛り上がりを恐れたオスマン政府とイギリス当局は、集会を禁止する。それにたいしてハリデたちは、張り紙を貼るなどの抗議表明を続けるほか、イスタンブルに保管されていた軍需物資をひそかにアナトリアの抵抗勢力のもとへと運び出した。その数は、マシンガン三二〇丁、ライフル一五〇〇丁、大砲一門、弾薬二〇〇〇箱、軍服一万着にのぼった。こうしたレジスタンス活動には、統一進歩協会の地下組織「黒腕《カラコル》」も大きな役割を果たしたとされる。

抗議集会の波は、イスタンブルに留まらなかった。五月一七日、黒海沿岸の町ギレスンの集会では、「大宰相閣下へ申し述べます。イズミルで、ギリシア国旗を望むのでしょうか、あるいはオスマン国旗を？　政府は首を垂れるのでしょうか？　イズミルの同胞を、ギリシア正教徒に譲り渡すのでしょうか？」と、激烈な調子で政府が非難された。

エーゲ海に近く、ギリシア軍の侵攻を身近に感じたデニズリの集会では、法学者《ムフティー》が法意見書《ファトワー》を出して武器を取って戦うよう命じ、被占領地では個人義務《ファルド・アイン》（個々のムスリム全員が果たすべき義務）、それ以外の場所では連帯義務《ファルド・キファーヤ》（共同体のうち一部の者が果たすべき義務）であるとした。

「手に武器がないなら、石を三つ持ち、敵に投げよ！」

ハリデ・エディプ［アドヴァル］

「国民の胸中」へ

ハヴザの抗議集会では、占領軍を非難しイズミル解放を求める宣言が行われたあと、イスタンブルに抗議の電報が打たれた。ケマルは、監視の目を意識して、滞在する館のバルコニーから集会の様子を覗くにとどめた。

ハヴザでの不穏な状況を知ったハースト大尉は、ケマルの危険性をイスタンブルのイギリス当局に連絡する。それを受け、当局はケマルを罷免するよう、イスタンブル政府に圧力をかけ始めた。

その結果オスマン政府は、六月八日、ケマルに帰還命令をくだす。ケマルのような有為の人材には、よりふさわしい地位があるとの内容であった。しかし、これを信じてのこのこ帰還すれば、逮捕され、ほかの同志たち同様、マルタ島に流刑となる運命が待っているだろう。ケマルは、ガソリンがないことを口実に、ただちに行動できないとかわした。

その一方でケマルは、エルズルムのカラベキルには、召還にたいして時間を稼ぎ、イスタンブルに戻らずアナトリアで抵抗を続けることを、暗号文で伝えている。

このなかで、ケマルは「国民の胸中へ《スィネイ・ミッレト》」という文言を使っている。「帝国」ではなく「国民」。今後、ケマルがみずからの行動の根拠としてゆくのは、崩壊しつつある帝国の権威ではなく、アナトリアに根を張り生きる人々の支持となる。

アマスィヤ回状

六月一三日、ケマルは、ハヴザからアマスィヤへと向かう。渓谷にそって広がる風光明媚なこの町は、古代ローマの地理学者ストラボンの生地として知られる。オスマン帝国時代には、皇子たちが太守を務めた要地であった。

イスタンブルに戻るどころか、より内陸への移動である。レフェトの指揮する第三軍団の一部がアマスィヤに駐屯していたことから、身の安全を確保するためだったとされる。アマスィヤに到着したケマルは、人々に国民的抵抗を行うべく呼び掛けた。これをうけてアマスィヤでは、新たに権利擁護協会が設立された。

イスタンブルへ戻らず、アナトリアで抵抗することを実質的に宣言したケマルであったが、翌日、皇帝ヴァフデッティンに、アナトリアの状況と自身の決定について弁明している。オスマン帝国や皇帝そのものを否定するのではなく、イギリスの非道にたいする国民の抵抗に理解を求めたのである。ヴァフデッティンは、ケマルにすぐに返信をしなかった。そのあいだ、ケマルには帰還命令が幾度となく届く。

ケマル（右）とレフェト（左）

それをかわしつつケマルは、アマスィヤに集結したフアト、レフェト、そしてラウフとともに、帝国全土に呼び掛ける声明の草案を練る。彼らは、祖国の統一と独立を目的として団結するために、スィヴァスで会議を開催することを計画した。この会合は、帝国全土から代表が派遣され、全国規模で開催される総決起集会というべきものであった。

ただし、すでにカラベキルを中心として、東方諸州の代表者を集めた会議がエルズルムで開催予定であった。ケマルもこれに招聘されていたから、まずエルズルム会議を成功させる必要があった。

一般に「アマスィヤ回状」と呼ばれ、六月二一日に署名された声明には、祖国の統一を守るためにスィヴァスで全国的な会議が招集されること、それに先立ち東方諸州の会議がエルズルムで開かれることが含まれ、電信で全国の政治家や司令官たちに送付されたのだった。声明を出したケマルは、アマスィヤを出立し、会議が準備されているエルズルムへと向かった。

国民闘争への対抗措置

アマスィヤ回状は、国民闘争を支持する人々の結束を強めたが、一方で反発も招いた。帝国政府に忠誠を誓い、抵抗運動を、帝国存続を危うくする脅威とみなす人々は少なくなかった。トルコ共和国が成立したあとからみると、後者は、先を見通す力のない人々のように思えてしまう。

しかし、「歴史の後知恵」を抜きにしてみるならば、国民闘争の成功はけっして約束されていたわけではなかった。国民闘争の支持者を、オスマン帝国にたてつくけしからぬ者どもだとみなすのは、むしろ自然なことだったといえる。

ケマル批判の急先鋒は、内相アリ・ケマルであった。ジャーナリスト出身のこの毒舌家は、イギリス首相を務めたボリス・ジョンソン（任二〇一九～二二）の曽祖父としても知られる。彼は、ケマルの罷免を強く要求するのみならず、地方各地の当局に、ケマルは政治を理解しておらず、彼らは反抗的で違法な集団であるから関与しないよう電信を送った。アマスィヤ回状に対抗してのことである。

このアリ・ケマルの強硬策は、ケマルを一時的に危機に陥れた。ケマルは、エルズルムへの道中、スィヴァスに立ち寄る予定であった。しかしスィヴァスに滞在していたアリ・ガリプ大佐が、ケマルは裏切り者であるという掲示を市中に張ると同時に、県知事にケマルを逮捕するよう迫ったのである。知事は、強硬策を好まず、郊外でケマルを出迎えることにした。不穏な雰囲気を察したケマルは、スィヴァスでの滞在を早々に切り上げ、エルズルムへと向かった。

アリ・ケマル

前述したように、イスタンブルの軍関係者は、抵抗運動に同情的であった。しかし、ケマルの独断専行を懸念していたのは、軍首脳部も同様であった。このときの陸相トゥルグトは、ケマルに代わって監察官を務めるようカラベキルに打診（六月二一日）、カラベキルはこれを断っている。

ただしトゥルグトは、抵抗運動を擁護して、アリ・ケマルと激論を交わしてもいる。トゥルグトとアリ・ケマルは、その結果として両者ともに辞任することとなった。

ケマル、監察官を辞任

ケマルが、長い道中をへてエルズルムに到着したのは、七月三日である。「ローマの土地《アルズ・ルム》」の名をもつこの都市は、帝国東方国境の要地として、ながらく栄えた。アナトリアの奥深くに駐屯する第一五軍団は、大戦後も武装解除されることなく、いまはカラベキル准将のもと、抵抗運動勢力の擁するもっとも強力な軍団となっていた。

エルズルム到着と相前後して、イギリス当局の圧力により、二人の監察官ケマルとジェマル「メルスィンリ」に、召還命令が出されていた。この命令には、イスタンブルに帰還後は望みの任地に赴任してよいとの但し書きが付いていたが、当然ケマルはこれを無視した。しかし、一方のジェマルは、抵抗運動に賛同していたものの、命令を受諾し、イスタンブルに帰還する。

ジェマルはこのあと陸相に就任しているから、帝国軍人としての栄達を考えれば当然の選択だったであろう。また、イスタンブルから抵抗を援護することを考えていたのかもしれず、実際に彼の行動は、国民闘争に協力的だった。

それでもなお、ジェマルの離脱は、抵抗運動にとって痛手となった。彼の担当範囲は、ギリシア軍の占領するイズミルと隣接していたからである。事態を重く見たケマルは、七月七日、各地の司令官たちに、軍組織を解散、もしくは指揮権を放棄してはならないという回状を発した。各地の司令官が、ジェマルのように切り崩されないよう意図したものだった。これが、監察官としてケマルが発した、最後の命令となる。

七月八日夜、ケマルは陸相と電信のやり取りを続けていた。陸相は、ケマルの活動に理解を示してはいたものの、イギリス当局からケマルを辞任させよ、とさらなる圧力をうけていた。陸相はケマルの帰還を重ねて要求したが、ケマルはこれを拒む。同日、ついに皇帝より、ケマルを罷免する命令が下された。

しかしケマルは、皇帝の命令が届くのと相前後して、みずから軍を離れることを申し出ていた。

軍籍を離脱

ケマルの退役は、ただちに官報によって全国に周知された。

ケマルは、一九〇五年にシリアに赴任して以来、一四年にわたって軍人であった。幼年学校入学時から数えれば、実に四半世紀である。その人生のほとんどを、ケマルは軍人として過ごしてきたのであった。

必要であると信じて軍を離れたケマルであったが、軍籍を失った寄る辺なさを痛感せざるをえなかった。

それは、彼の周囲も同じだった。ケマルの参謀キャーズム〔ディリク〕大佐は、「閣下が除隊なさったからには、本官は職務を続けることができません。文書を誰に渡せばよろしいか、お命じください」と述べ、カラベキル准将の指揮下に入る意思を示した。

キャーズムは、ケマルの学友にしてサムスン上陸以来の側近であり、このあとも東部戦線を支えた有能な士官であった。事実上の命令拒否ともいえる彼の態度に、ケマルは動揺を隠しきれなかった。肩書きを失い、自分の立場を保障するものを失ったことを、自覚したであろう。文書の処理を指示したあと、ケマルは盟友ラウフに、みずからの判断が誤りであったかもしれない、と弱音を吐いている。ケマルの立場は、このとき、生涯でもっとも不安定なものだったといってよい。

しかし、ケマルを支持する者たちもいた。レフェト、そしてケマルの幕僚の幾人かは、ケマルにならい軍籍を離脱した。ラウフは、「辞職したことで、あなたの地位と栄誉はいっそう増したのですよ」とケマルを勇気づけた。

また、ケマルを訪ねたカラベキルは、辞職したケマルをなお上官として遇し、「本官とその軍団は、いままで通り、貴君の命令を実行することを、名誉とするものです」と伝えた。「最初の五人」の結束は、このときもっとも強まったといえるだろう。

軍籍を抜いたことは、ケマルにとって有利に働いた面もある。かつてケマルも統一進歩協会の会議上で強硬に主張したことのある、「軍人は政治にかかわるべきではない」との認識が、当時の人々にも共有されていたからだ。このあとケマルは、軍務の詳細にはかかわることなく、あたらしい政治体制を作り上げるための活動に専念することになる。軍籍離脱は、「政治家」ケマルにフリーハンドを与えた、ともいえよう。

エルズルム会議

文民となったケマルは、エルズルム会議に臨む。

アナトリア東部を構成するエルズルム、スィヴァス、ヴァン、ディヤルバクル、エルアズィズ（現エラズー）、ビトゥリスの六つの州は、「東方六州」と総称される。大戦終結後この地域では、連合国によって、アルメニア人の国家建設が計画されていた。これに危機を覚えた当地の名士たちは、一九一八年一一月という、全国的にも早い段階で、東方諸州権利擁護協会を結成する。

彼らの活動は、エルズルムの第一五軍団長にカラベキルが任命されたことで、大きな後ろ盾を得た。カラベキルと彼らは、七月に大規模な会議を開催することを決定、アナトリアで活動を開始したケマルをこれに招聘したのだった。

準備会を重ねたすえ、第二次立憲政開始の記念日である七月二三日、法学者による祈りの詠唱とともに、エルズルム会議が開催された。五六人が参加したこの会議で議長に選ばれたケマルは、まず、国土分割と連合国の占領という国家存亡の機に抗し、祖国と皇帝を救うための唯一の方法は、国民の意志に基づいた政府をつくることである、と演説した。演説の内容を伝える電報は、ただちに皇帝に送られた。

ところで、ケマルは当初、軍服で会議に出席していた。皇帝の侍従武官であることを示す綬章や勲章も着けたままであったが、これに複数の参加者から「物言い」がついた。議長が軍服をまとうのは、威圧的であり文民の会議にはふさわしくない、というのである。この抗議に鼻白み、軍服以外持っていないと言い訳したケマルは、閉会後に知事より背広を借り受け、翌日からそれを着て出席した。

こうした幕間を挟みつつ、二週間の会期を経て、エルズルム会議は次の宣言を採択した。東方諸州は、オスマン帝国から不可分であること。祖国と皇帝（＝カリフ）を守るため、国民軍が動員されること。議会がただちに招集されること。領土的野心のない外国の援助を歓迎すること。この宣言は、帝国各地に電報で送られたのち、数千部が印刷・配布され、さらに主要各国にも伝えられた。

エルズルム会議にたいして、政府はその会期中から激しく反発した。会議は憲法違反でその参加者は反乱者であるとし、ケマルたちの逮捕を、カラベキルやエルズルム知事に命じたのである。しかしカラベキルは、ケマルは祖国に有為の人物であるとして、命令を拒絶している。

代表委員会

エルズルム会議で決定された重要な事項のひとつが、代表委員会《ヘイェティ・テムスィリエ》の設置である。東アナトリア権利擁護協会（東方諸州権利擁護協会を受け継いで成立）の意思をまとめ、運動を主導するための執行部として結成された、抵抗運動の「暫定政府」といえる組織である。しかし、だれが代表委員会に名を連ねるか、その選定は紛糾した。ケマルは当然、自分がその一員になるものと考えていたが、彼は政府により反乱者と認定されていたため、彼の「入閣」には疑義が呈された。

またラウフとケマルどちらが代表委員会入りするか、ふたりのあいだで口論にもなった。この出来事は、「最初の五人」のあいだの、リーダーシップをめぐる最初の亀裂として記憶されるだろう。

ベキル・サーミ［クンドゥフ］

最終的に、代表委員会に選定された九名のなかには、地方の名士たち――諸州の代表者、イスラム神秘主義教団の導師、クルド人の一部族長（彼は第一次世界大戦のとき、ケマルとともに東アナトリア戦線で戦った）――にくわえ、ケマルとラウフ両名の名があった。ただしケマルとラウフを除くと、ほとんどは「幽霊委員」にすぎなかった。両名のほかに発言力のある委員としては、ベイルート知事で、このときケマルに招聘されスィヴァスを訪れていたベキル・サーミがいた。彼は、のちにアンカラ政府の外相として尽力することになる。

代表委員会のリーダーは、当初は定められていなかったが、いつしかケマルが長として認められるようになる。軍人をやめたケマルが、文民として得たはじめての地位であった。

スィヴァス会議

つぎの目的地は、全国的な会議が開催予定であるスィヴァスであった。ケマルを含めた代表委員会の面々がスィヴァスにたどり着いたのは、八月二九日のことだった。路銀がたりず、エルズルムに住む退役将校のポケットマネーから寄付を受けての到着だった。

エルズルム会議の盛り上がりを脅威と受け止めた政府は、スィヴァス知事にたいしケマルを捕縛するよう命じていた。困惑した知事は、ケマルにほかの都市での会議開催を提案するが、ケマルはこれを一蹴した。スィヴァスには、フランス軍の部隊も駐屯しており、やはり知事に圧力をかけていたが、ケマルたちの来訪を前に退去した。こうしたスィヴァスを取り巻く不穏な状況を受け、ケマルたちは十分な偵察を行ったうえで入市する。

スィヴァスには、事前に通達されたとおり、全国の各県から代表が集結しつつあった。かならずしもすべての県からの代表が参加したわけではなかったし、最終的な参加者の数はエルズルム会議よりも少なかったものの、ともあれ九月四日、高等学校《メクテビ・スルターニー》の建物でスィヴァス会議が開催された。

会議の議長は、当然ケマルが務めるものと思われたが、これに思わぬ人物から異論がでた。議場に入って「誰が議長を務めるのか？」と問うたケマルに、ラウフは「きみは議長になってはいけない」と述べたのだ。この異議は、ラウフとサーミが相談した結果であった。ふたりはともにコーカサス地方出身者の家系であり、それゆえの結束があったようである。とはいえ、ケマルを追い落とすほどの意図ではなく、すでに代表委員会の長となっていたケマルに、権力が集中するのを懸念したのだろう。

スィヴァス会議の会場

結局、投票によってケマルは議長に選ばれたが、満場一致ではなかった。副議長には、ラウフとサーミが選出された（ただし、サーミは辞退）。

スィヴァス会議は、新しく結成された「アナトリア・ルメリア権利擁護協会」の総会と位置づけられた。ルメリアとは、オスマン帝国のバルカン半島の領土である。すなわち、アナトリアとルメリアで、帝国全土ということになる。自然発生的に形成された各地の権利擁護協会を取りまとめる統一的な組織が、この協会なのであった。

スィヴァス会議では、あらたな宣言が採択された。とはいえ、エルズルム会議の宣言はすでに全国的な性格をもっていたから、スィヴァス会議の宣言は、その内容を基本的に踏襲したうえで、あらためてそれを全国の代表が承認するということになった。

ウッドロウ・ウィルソン

また、会議では、全国民軍司令官（のちに西部戦線司令官に改称）として、ファトが任命されることが決定された。アンカラに展開する第二〇軍団長であったファトは、公式には政府によって罷免されていたが、実質的にはなお軍団長を継続していた。

アメリカ委任統治論の是非

スィヴァス会議で激しく議論されたのは、アメリカに委任統治をもとめることの是非についてであった。

大戦末期、アメリカ大統領ウィルソンは、「十四か条の原則」を発表、各地の民族自決をうったえたことはよく知られている。敗戦後のオスマン帝国の知識人たちのあいだには、オスマン帝国と直接の利害関係をもたず、民族自決を唱導するアメリカにこそ、統治をゆだねるべきだとの議論がわきおこった。帝国をつねに侵略し続けたイギリスやフランスより、はるかに公正な統治をしてくれるだろう、と期待されたのである。

「最初の五人」のひとりレフェトをはじめ、サーミ、ハリデ、イスメト、カラ・ヴァースフ（「黒腕《カラコル》」の指揮官のひとり）ら、抵抗運動に参画した錚々たる面々も、アメリカによる委任統治の可能性を模索していた。とくに、占領下のイスタンブルに留まって抵抗運動を組織している人々に、委任統治を支持する者が多かったようである。イギリスによる過酷な占領下にあっては、アメリカの介入を望むのはより現実的な方針と感じられたのだろう。

これにたいしケマルは、アメリカの援助は歓迎するが、独立は死守すべきであり、委任統治は拒否するとの立場をとった。ラウフやカラベキルも、これに賛同した。

スィヴァス会議を二分した委任統治をめぐる議論は、これを否定することで決着がついたとされる。ただし、会議後にケマルらが署名してアメリカに送った書簡では、公平な立場でアナトリアの状況を判断する視察団の派遣を求めている。アメリカの協力を全否定するのではなく、独立を原則としたうえで、可能な限り援助を模索するという方針が採用されたといえるだろう。

カラ・ヴァースフ

スィヴァス会議の余波

スィヴァス会議は、九月一一日に閉会した。しかし、抵抗運動の参加者たちが、もろ手を挙げて会議で定められた内容に賛同したわけではなかった。とくに、カラベキルをはじめとする、東方諸州の関係者たちは、強い不満をもった。会議の詳細が知らされなかったこと、東方諸州の問題が等閑視されたこと、帝国政府にたいして過度に敵対的であることが、その理由である。

このころカラベキルは、ケマルをあまりに野心的である、と評している。ケマルの持つ独断専行の性格、そしてリーダーシップへの強すぎる欲求が、カラベキルに警戒心をもたらしたのである。一方のケマルは、カラベキルらが東方諸州の利害のみを注視し、全国的な救国のヴィジョンをもっていないことに苛立っていたかもしれない。

前述したように、ラウフはケマルと代表委員会の座をめぐって争い、レフェトはアメリカ委任統治を支持していた。「最初の五人」のあいだに空いた懸隔は、今後修復されることなく、少しずつ広がっていくことになる。

しかし、今回の摩擦にかぎっては、イスタンブルより届いた朗報によって立ち消えとなった。

彼らの仇敵、フェリト内閣が退陣したのである。

フェリト内閣の退陣

大宰相フェリトは、倦むことなく、抵抗運動を潰えさせるべくさまざまな手段を講じていた。

たとえば、前述のアリ・ガリプに、クルド騎兵を率いてスィヴァス会議を襲撃し、ケマルを捕縛するよう命じている。クルド人といってもさまざまな部族からなり、一枚岩ではない。このクルド部族には、「クルドのロレンス（「アラビアのロレンス」を模したあだ名）」と呼ばれたイギリスのエドワード・ノエル少佐が協力していた。この情報をつかんだケマルとカラベキルは、対抗すべく部隊を派遣している。しかし結局、ガリプは襲撃は危険だと判断し、ノエル少佐とともにシリアに逃亡することとなった。

フェリトの介入に怒り、ケマルに、フェリト暗殺を提案する者もいた。しかしケマルは、「何を言っているんだ、君は。あの愚か者を、英雄や殉教者にしようというのか？　その秘密結社のような考えは捨てたまえ」と一喝している。

かつてエンヴェル暗殺未遂への関与を疑われたときも、ケマルはこれを否定した。エンヴェルと異なり、クーデタや秘密警察をもちいた暗殺のような手段で闘争を勝ち抜くことを、ケマルは――すくなくともこの時点では――いさぎよしとしなかったのである。

ともあれ、ケマルたちは、フェリトを暗殺するまでもなかった。

皇帝とフェリトは、全臣民は政府の命令に従うべし、と布告したものの、効果は薄かった。

それどころか、国民闘争に批判的な知事たちが、各地で民衆によって放逐される事態となった。

強硬策でもって事態の鎮静化を図ろうとしたフェリトは、中央アナトリアの要地エスキシェヒルへの軍隊の派遣を、イギリス軍に打診する。しかし、武力衝突の事態を避けたいイギリス軍はこれを拒絶、イギリス軍自身も、サムスンほか一部の駐留地から部隊を撤収させた。ついに一〇月一日、アナトリアの状況を制御できない責任を取り、フェリト内閣は総辞職したのである。

代わって大宰相に就任したアリ・ルザー（ケマルの父とは別人）は、旧世代の軍人に属し、皇帝と帝国政府への確たる忠誠心を持つ人物であったが、フェリトに比べるとはるかに抵抗運動に融和的であった。また、新たに陸相となったのは、かつて第三軍監察官を務め、抵抗運動に協調していたジェマル［メルスィンリ］であった。ジェマルは、イスタンブルにおける代表委員会の代弁者となり、政府との橋渡し役を務めることになる。

イスタンブルの新内閣とスィヴァスの代表委員会は、ただちに連絡を取り合い、アマスィヤで会談を持ち今後の方針をすりあわせた（一〇月二〇～二二日）。ケマルによるフェリト逮捕要求の実現は不可能だったが、代表委員会は政府代理として公認され、スィヴァス会議で採択された宣言は、基本的に政府によっても認められた。

なにより大きな成果は、新内閣が、あらたに選挙を行うと決定したことである。帝国議会は、勅命によって一九一八年一二月に解散して以来、一年近くも閉鎖されていた。フェリト内閣は選挙実施と議会再開を約していたものの、具体的な日時については断言を避けていた。抵抗運動を支持する議員が多数選出されるのを、恐れてのことだった。

こうして、アナトリアの抵抗運動とイスタンブルの帝国政府は、ともに一致団結して共通の目的に向かって歩み始めたのだった。

イスタンブルの各紙は、アナファルタの英雄ムスタファ・ケマルと国民軍についての記事であふれた。ケマル個人についても、彼は軍人を罷免されたのではなく、みずからの意思による辞任であることが認められ、決定されていた勲章の剝奪も取り消された。

しかし、ようやく実現した共闘は、最初で最後のものだった。皇帝は、アリ・ルザー内閣が抵抗勢力へ譲歩したことに不快感を隠さなかった。イギリス当局も、両者の歩み寄りに危機感をおぼえ、反抗的な勢力をイスタンブルから排除しようと動きはじめたのだった。

アリ・ルザー

三　アンカラ政府の成立

「トルコの心臓」アンカラへ

この時点で、国民闘争の「勝利」はまぎれもないものだった。しかし、抵抗運動そのものを不遜とし、反発する人々はすくなくなかった。

ケマルと国民闘争がその勝利を確実にするには、来るべき選挙で勝利し、彼らを支持する議員を多数派として議会に送り込む必要があった。

その作戦の一環として、ケマルらは、本拠地をアンカラに移すことを決定した。アンカラは、鉄道でイスタンブルと直結している。イスタンブルへ赴く議員たちを、道中のアンカラに集め、代表委員会の方針を彼らに周知させようとしたのである。

カラベキルは、国民闘争の本拠地が、さらに西方となるこの案に難色を示した。それにたいし、西部戦線司令官のフアトは、アンカラ案をつよく推した。来るべきギリシア王国軍との戦いにおいても、司令部をアンカラに置くことには意義があった。

旅費の工面に苦労しつつ、カイセリを経由して、難路を九日間かけ移動したケマルたちがアンカラに到着したのは、一九一九年一二月二七日であった。

アナトリアのほぼ中央部に位置するアンカラは、「アンキュラ」もしくは「アンゴラ」と呼ばれた古代からの歴史をもつ。トルコ共和国の首都となったのち急速な発展をとげ、現在は人口五〇〇〇万人をこえるメガロポリスである。

しかし、オスマン帝国時代は、アンゴラ山羊《モヘア》の毛の産地として知られただけの地方都市にすぎなかった。ケマルら一行がスィヴァスからたどり着いたときも、丘にそびえるアンカラ城を中心とした旧市街一帯を除くと、豊かとはいえない沼沢地がひろがっていた。

アンカラにたどり着いたケマル一行は、ファトやアンカラの名士たちの出迎えを受けた。彼らがまず立ち寄ったのは、アンカラ随一の聖地、聖者ハジュ・バイラムの墓廟であった。古代ローマのアウグストゥス神殿と並び立つこの墓廟に参詣したケマルは、参集したアンカラ市民に感謝の言葉を述べると、代表委員会のために用意された農業学校の建物に居を定めた。

アンカラが、「トルコの心臓」として発展するのは、このときからである。

ハジュ・バイラム・モスク（右）とアウグストゥス神殿（左）

国民誓約

新たな帝国議会選挙の結果、抵抗運動に理解を示す議員が多数、選出された。ケマルやラウフをはじめとした、抵抗運動の有力者たちも当選している。

前述したように、各地で選出された議員には、帝都に赴く前に、アンカラを訪問するよう通達された。代表委員会の方針を堅守する会派を形成すると同時に、ケマルを議長として選出させるためである。ただし実際には、さほど多くの議員がアンカラに立ち寄ったわけではなかった。

帝都には、いまなおイギリス軍が駐留しており、そこに抵抗運動の有力者が乗り込むのは、危険が予想された。そこでケマルは、病気を理由としてアンカラに留まり、ラウフ、サーミそしてカラ・ヴァースフが、代表委員会の代弁者としてイスタンブルに赴いた。

帝国議会では、ラウフを長とした会派が結成された。会派の名は、当初ケマルが提案した「権利擁護」の名称が予定されていたが、これは刺激的にすぎるとして避けられた。最終的には、ヴァフデッティンの「お言葉」から引用された「祖国安寧《フェラフ・ヴァタン》」と命名される。

一九二〇年一月一二日、ほぼ一年ぶりに帝国議会が開催された。

事前工作にもかかわらず、ケマルは議長に選出されなかった。帝都にいないのだから当然の結果ともいえるし、そもそもラウフが、「ケマルは、代表委員会の長にとどまるべきである」と主張したためでもあった。議会では、ラウフやサーミらが主導権を握り、遠隔地にいるケマルは、必ずしも状況をコントロールできなかった。

ケマルはフラストレーションを感じただろうが、ともあれ議会活動は、大きな成果を挙げる。一月二八日、抵抗運動の成果を凝縮した「国民誓約《ミサク・ミッリー》」が、満場一致で採択されたのである。

国民誓約の文面は、われこそが真の執筆者である、と名乗り出た者が複数いる。ケマルやラウフらが用意した当初の草案に、いくどかの付加や修正が加えられたからであろう。いずれにせよ、国民誓約は、エルズルム会議、スィヴァス会議から続く抵抗運動の基本的な主張を、より本格的に明示した集大成という性格をもっていた。国民誓約の趣旨は、その後のトルコ共和国にも受け継がれ、現在のトルコの政策にも一定の影響をおよぼしている。

なかでも重要なのは、国土の一体性をうたった第一条である。ムドロス休戦協定締結時、敵軍の占領下にあった地域、すなわちアラブ領は住民投票によって帰属が決められるが、それ以外の地域は、不可分かつ一体の、祖国の領土とされた。休戦時点での非占領地域ということは、シリアやイラクの北部――ケマルが、司令官として最後まで死守した地域――も、国民誓約で定められた国土に含まれる。

この国民誓約の採択でもって、抵抗運動はひとつの勝利を収めたといえるだろう。

国民誓約が採択され、抵抗運動を支持する議会が多数を占める状況にあって、代表委員会はその役割を終えたとする主張も現れた。その急先鋒が、カラベキルである。彼は、国民軍と代表委員会は解散すべきである、と論じた。カラベキルは、もとより帝国政府の枠内での抵抗を企図していたから、当然の主張であった。大宰相アリ・ルザーも、自身の内閣が、アンカラの傀儡のようになっている状況に不満を表明し、アンカラに新しい知事と軍団が任命されるべきであると述べた。とはいえ、こうした動向は、国土の統一を保ち、独立を堅守するという抵抗運動の大綱に反するものではなかった。

帝国議会の再開と国民誓約の採択は、青年トルコ革命のように、オスマン憲政の新たなるスタートとなるやもしれなかった。そしてケマルは、エンヴェルやタラートのように、最終的には陸相や大宰相の座に就いただろう。

しかし、青年トルコ革命のときとは決定的に異なる条件があった。外敵の存在である。青年トルコ革命勃発時も、好機とみた周辺諸国は、帝国の領土を切り取りにかかった。しかし一九二〇年のこのときは、帝都イスタンブルにイギリス軍が駐屯し、イズミルがギリシアに占領されているという、比較にならないほど厳しい条件下にあった。

ケマルには、オスマン帝国側の団結と断固たる態度を示すことで、連合国の譲歩を導き出せるとの目算があったようだ。実際に、このころマラシュから撤兵していたフランスは、ギリシアのイズミルからの撤退を、イギリスに提案してもいる。

しかし最終的にイギリスは、国民誓約の採択と抵抗勢力の勝利を、連合国が描く秩序への深刻な危機ととらえ、強硬策に打って出た。

イスタンブルの完全占領である。

帝都占領

一九二〇年三月五日、ロンドン。イギリス首相ロイド・ジョージは、休戦条約をオスマン帝国にただしく履行させるため、アナトリア東部のアルメニア人を守るため、そしてムスタファ・ケマルと抵抗勢力を無力化するために、イスタンブル占領を提案した。占領が現地当局に通達されたのは、同月一〇日であった。

国会議事堂、陸軍省、警察、通信施設を監督下におき、危険人物は逮捕されるべし。

この情報は、抵抗勢力に好意的なイタリアを通じて、事前にラウフらに通告されていた。またケマルは、イスタンブルへの鉄道路線がイギリス軍によって封鎖されたという情報をつかみ、帝都占領は間近だと予想、ただちに帝都から退去しアンカラへ向かうよう、ラウフに伝えた。

しかしラウフたちは、占領の噂は彼らを自発的に帝都から退去させるための罠ではないかと疑った。彼らが逃亡すれば、ほかの議員たちの失望を招いてしまうだろう。また、国会議員たる我々を、憲政を重んじるイギリスは逮捕するまい、とも期待した。結局、ラウフたちは、議会が閉鎖されるまではイスタンブルに留まることを選択する。

ロイド・ジョージ

占領は、三月一六日未明にはじまった。主要施設が占拠され、戒厳令が布告された。その夕刻、ラウフら「祖国安寧」会派の主要議員は、予定されていた皇帝ヴァフデッティンとの謁見のため、ユルドゥズ宮殿に赴いていた。皇帝陛下より占領に反対するお言葉を賜われるだろう、という期待をよそに、連合国の強力さを思い知るヴァフデッティンは、抗戦を訴えたある議員の発言にたいし、「なにを申すか！　彼ら《イギリス人》は望むなら、明日、アンカラにすら到達できるのだぞ」と叱責

アドナン［アドヴァル］

した。

　ラウフが、議会の決定なくしてどんな署名もしないようにと懇願すると、ヴァフデッティンは会見を切り上げんと立ち上がり、「ラウフよ！　国民は、羊の群れだ。これには牧童が必要である――朕のことだ」と言い放ったのである。

　失意のうちに議会にもどったラウフは、カラ・ヴァースフとともにイギリス軍に拘束された。議員には手出しはするまい、という甘い予想は裏切られた。逮捕者のなかには、陸軍省にあって国民闘争に協力を惜しまなかったジェマル［メルスィンリ］、ジェヴァトら高級軍人の姿もあった。彼らは、ただちにマルタ島へ収監される。ラウフをはじめとした有力な指導者たちが、国民闘争の場から退場した。

　こうして、イスタンブルにおける抵抗勢力は、壊滅的な打撃を受けた。

　逮捕を免れた活動家たちは、帝都でのこれ以上の活動は不可能だと悟り、アナトリアへの脱出を図った。彼らのなかには、イスタンブルで大規模な抗議集会を主導したアドナン医師とハリデ・エディップ夫妻、情勢把握のため帝都に留まっていたイスメト大佐の姿もあった。このとき陸相であったフェヴズィも、抵抗勢力に親和的であるため罷免され、彼らの後を追った。イスタンブルからアナトリアへの脱出には、「黒腕《カラコル》」のネットワークが重要な役割を果たしたとされる。

イスメトとフェヴズィは、アナトリア入りが遅く、国民闘争の参加者のなかでは新参者といえた。しかし、今後このふたりは、政治的なライバル心を抱かない実直な軍人として、ケマルを忠実に補佐するようになる。ここにいたってケマルは、いわば彼の「双璧」というべき人材を得たのであった。

フェリト内閣による攻撃

四月初頭、議会が閉鎖され、ケマルの仇敵フェリトが、皇帝によってまたもや大宰相に任命された。あまりに敵対的な選択だとこれを批判した議員にたいし、ヴァフデッティンは、「もし朕が望めば、ギリシア人やアルメニア人の大司教、ユダヤ人のラビですら、大宰相に任ずることができるのだぞ」と豪語した。

ムスタファ・フェヴズィ［チャクマク］

大宰相フェリトは、抵抗勢力を壊滅させるため、精力的に働いた。同月一一日、抵抗勢力は反乱者であり処刑されるべしという、イスラム長老《シェイヒュルイスラム》の法意見書《ファトワー》が発行される。反乱者を殺害する者は聖戦士《ガーズィ》、戦死した者は殉教者《シェヒト》であり、戦わないのは宗教的な罪《ギュナフ》としたのである。

法意見書の内容を記したビラは、イギリス軍の飛行機によってもばらまかれた。カリフたる皇帝の権威をなお信ずる人々は多かったから、この法意見書によって、ケマルらと戦うために蜂起した者たちは少なくなかった。

五月には、ケマル、フアト、アドナン、ハリデに死刑判決がくだされた。このときからハリデは、敵に捕らえられたときに備え、自決用の毒薬を携帯するようになる。

緊急事態にさいし、ケマルは、矢継ぎ早に手を打った。すでに彼は、帝国議会が完全に閉鎖される前から、これに代わる新議会をアンカラで開催することを決定していた。

イスラム長老の法意見書に対しては、アンカラの法学者《ムフティー》が、それに対抗する法意見書を発行し、カリフは捕らわれの身であって救出されねばならず、外国に強制され真実にそむいたイスラム長老の法意見書は無効である、と宣言した。いわば、どちらがイスラム的に正しいのかをめぐる、「宗教戦」が行われたのである。

情報戦対策も進められた。四月六日には、諸外国の報道を翻訳し、また国外へ情報発信をするため、ハリデと、ジャーナリストのユヌス・ナディ「アバルオール」により、アナトリア通信《アナドル・アジャンス》が立ち上げられた。現在でもトルコで活動する通信社である。

大国民議会

「大国民議会《ビュユク・ミッレト・メジュリスィ》」（のちに「トルコ大国民議会」）と名付けられた新しい議会は、四月二三日金曜日に開催された。議会を構成したのは、イスタンブルから脱出した帝国議会の議員八八名に加え、各県から新たに選出された三四九名である。

　開始に先立ち、ハジュ・バイラム・モスクでの金曜礼拝、祈禱、犠牲獣の供儀が行われた。そして「アッラーは偉大なり《アッラー・アクバル》！」と唱和する群衆のなか、預言者ムハンマドの聖なる髭《ひげ》と旗を議場へと運ぶ儀式が行われた。

　カラベキルは宗教色の濃さに眉を顰《ひそ》め、イスラムの休日たる金曜日を避けるべきだったと批判した。イスラムを旧弊の象徴とみなすケマルも、内心は同感だったろう。しかし、「君側の奸」たるフェリトとの戦いにさいし――いまなおカリフその人は敵とはみなされていなかった――、不信仰者とのそしりを避け民衆の支持を集めるには、イスラム的な正統性を付与するための儀式は避けられなかった。

　四月二四日、ケマルは議会の議長に選出された。サーミはこれに反対したが、ほかの立候補者はいなかったし、ケマルと緊張関係にあったカラベキルも、これを「もっとも自然で正しいこと」として認めている。帝国議会において議長に選ばれなかった雪辱を、ここで果たしたのだった。

　明示されてはいなかったが、議長は、実質的にアンカラ政府首相の役割であった。代表委員会は、このときすでに解散していたため、ケマルは今後、大国民議会議長の肩書きでアンカラ政府の采配をふるうことになる（ただし、のちに首相は別途任命されるようになり、フェヴズィやラウフが務めた）。

　つづいて、アンカラ政府を構成する閣僚たちが任命された。共和国宣言までは、大臣は議会によって個別に任命されるよう定められていたから、首相が自由な組閣を行うことはできなかった。

　結果としては、アンカラ軍を統括する要職である陸相と参謀総長に、それぞれフェヴズィとイスメトが任命された。これは、政軍のコントロールを意図するケマルが、大きな一歩を踏み出したことを示している。

　一方で、ケマルのライバル格である「最初の五人」はひとりも入閣しなかった。政治力に長《た》けたラウフはマルタ島に流刑となっ

大国民議会第一議事堂

ており、カラベキルは東部戦線、ファトとレフェトは西部戦線をささえていた。そのため、これが自然な人事だったのは確かである（なお、レフェトはのちに内相や国防相を務める）。ただし、ケマルの潜在的な批判者たちも入閣を果たしており、決してケマルの独裁といいうる体制ではなかったことを、付け加えておかなくてはならない。外相サーミはケマルをライバル視し、財相ハック・ベヒチは共産主義にシンパシーをもち、教育相ルザー・ヌールはのちにケマルの厳しい批判者となった人物である。
　保健相に就任した、温厚な性格のアドナン医師は、ケマルと彼に反対するグループの調整

役となった。心労で疲弊するなか、医師として多数の患者も治療していた——とは、彼の妻ハリデの言である。

ある夜の会話

ケマルは、みずからがリーダーシップをとることについて、執拗ともいえる執着をもっていた。ハリデは、国民闘争のさなかのある夜、彼女たちが住んでいた農園にケマルが訪ねてきたときの語らいについて、記している。

ケマルと気の置けない同志たちとの会話は、徐々に熱を帯びてきた。ケマルの素振りは、ハリデにムラト四世を思い起こさせた。一七世紀前半に即位した、敵対者にたいする仮借のなさで知られる武断派の皇帝である。ケマルは、ハリデに向き直り言った。

「私がいいたいのは、みな私が望むままに、命じたように遂行すべきだということだ」

「すでに彼らは、トルコの大義のために、あらゆることをなしているのではないでしょうか？」

彼は、わたしの問いを一蹴し、ぞんざいに続けた。

「私は、いかなる批判も助言も欲しくはない。私には私のやり方があるのだ。みな、私が命ずるままにすればよい」

「わたしもですか、閣下？」

「貴女もだ」

彼は真剣だった。わたしははっきりと答えた。

「あなたに従いましょう――あなたが大義に仕えていると、わたしが信じられる限り」

「貴女は私に従い、私の望むようにしなくてはならないのだ」

「これは脅しですか、閣下」

わたしは、静かに、きっぱりと返答した。それまで開かれていた、彼の内面を覆うヴェールが、ふたたび閉じられた。彼は、とりつくろうように謝罪した。

「すまなかった。私は、あなたを脅したりなどしていない」


この時期のケマルについて、さまざまな人々が回想録を著しているが、これほどまでに、ケマルが本音を漏らした会話を伝えるのは、珍しい（もちろん、ハリデが誇張した可能性はある）。戦いが猖獗《しょうけつ》を極めたころの一夜、司令部唯一の女性であるハリデをふくめた、気心の知れた仲間たちとの歓談という状況が、このようなあけすけな吐露を彼に許したのだろうか。酒豪で知られるケマルだが、この時期だけは酒を断っていたというから、おそらく素面《しらふ》だったはずだ。

ハリデは、彼の独裁への兆候を感じ取りつつも、国民闘争の勝利にとって彼の存在が不可欠であることも認めざるをえなかった。はたして、彼女の懸念は現実のものとなる。

四　四面楚歌

包囲されるアンカラ政府

一九二〇年の段階で、アンカラ政府は、あらゆる方向から敵に囲まれていた。まさに四面楚歌である。

まず、イズミルを中心としたアナトリア西部は、ギリシア王国軍が占領していた。イスタンブルに近いアナトリア北西部では、オスマン帝国政府が、「カリフ軍」とも通称される治安軍《クヴァーユ・インズィバーティエ》を編成し（一九二〇年四月一八日）、アンカラ政府に対抗させた。シリアと接するアナトリア南東部には、休戦協定後、フランス軍が駐屯している。またアルメニア軍が、領土を拡大しようとアナトリア北東部を窺っていた。地中海沿岸西部のアンタリヤを中心とした一帯には、イタリア軍が上陸していた。ただしギリシアと利害が対立しているイタリアは、アンカラ政府に好意的であり、ギリシア軍の侵攻によって逃れたムスリム難民を保護してもいる。

これに加えて、アナトリアの各地で、アンカラ政府にたいする蜂起も頻発していた。以下、一九二〇年におけるアンカラ軍の戦いを、順に追ってゆこう。

アナトリア西部——一時的安定と不正規兵によるゲリラ戦

ギリシア王国軍は、イズミルを占領したあと、連合国軍が指定した範囲（ミルン線）の内側にとどまっており、それ以上の侵攻を控えていた。そのため、全体的な戦局は安定していたが、占領地では、オスマン帝国側の義勇兵による抵抗が続いていた。

彼らはエフェやゼイベキとよばれる、ある種の任侠集団ともいえる人々であった。ゲリラ戦で強さを発揮したが、いっぽうで規律に問題を抱えてもいた。彼らはしばしば無辜《むこ》の民衆から略奪し、一再ならず問題視されている。しかし、アンカラ政府が擁する正規軍は貧弱であり、不正規兵の軍事力に頼らねばならない現実があった。

ケマル自身も、自邸の警護を、トパル・オスマンという、やくざ者の首領にまかせていた。オスマンは、ギレスンのギリシア人住人に狼藉《ろうぜき》の限りを尽くしたことで悪名高い人物であり、アドナン医師は彼を罰するよう政府に働きかけていたほどであった。有能であることには間違いなく、後述するチェルケス・エトヘムがケマルに差し向けた暗殺者を、みたび退けたという。彼は、サカッル・ヌーレッティン将軍による、ギリシア人反乱にたいする残虐な鎮圧に加担したことでも知られる。

ヌーレッティンは、国民闘争の中期から参加し、その有能さと残忍さで知られた将軍である。彼は、内陸アナトリアや黒海沿岸で、「反革命分子」を摘発し、粛清する任務に従事した。彼の手腕によって当地に安定がもたらされたのは確かだったが、わずかでも疑わしいギリシア人やクルド人を容赦なく殺害した彼に、大国民議会が査問を要求したほどである。しかし、ケマルの介入により、ヌーレッティンが罪に問われることはなかった。

オスマンやヌーレッティンは、いわばケマルの「汚れ仕事」を引き受ける役割を果たしたのである。

アナトリア北西部――治安軍との戦い

アナトリア北西部では、治安軍がアンカラ政府との戦いを開始した。治安軍を率いたのは、チェルケス人で元憲兵のアンザヴルであった。マルマラ海南岸で不正規兵を率いていた彼は、一九一九年のうちから国民軍に敵意を抱き攻撃を繰り返していたが、大宰相フェリトにより将軍《パシャ》の称号をあたえられるとともに、治安軍司令官に任命されたのである。

サカッル・ヌーレッティン

治安軍との戦いは、厳しいものだった。アンカラの司令部は、各地と電信で連絡を取り合っていたが、アンカラを支持する町の電信施設からは、つぎつぎと陥落の知らせが届き、ついで電線が切断された。
ハリデは、このときの状況を、次のように回想する。

「この状況は、毎晩、朝日がさすまで続き、わたしたちはみな疲れはて力尽きてしまいました。ムスタファ・ケマル閣下が、このときほど疲れ、絶望すらしていたのを見るのは、はじめてでした。

わたしたちはいつも、数時間眠るため、早朝、階下に降りていきました。しかし、ゆっくり眠ることはできませんでした。なぜなら、カリフ軍に加わる者たちが、いつここを襲撃し、寝台のわたしたちを縊《くび》り殺すか、予測できなかったからです。このころ、この売国奴たちは、ボル市の病院で横たわる数名の将校を、寝台から追い払い、病院前で彼らの頭を石でつぶしたのです」

義勇兵の英雄チェルケス・エトヘム

アンザヴルに相対したのは、チェルケス人――アンザヴルと同郷である――エトヘム率いる不正規の騎兵隊、「機動軍《クヴァーユ・セイヤーレ》」であった。エトヘムは、フアトの古くからの戦友であり、ゲリラ戦に類まれな才能をもつ軍人であった。機動軍は、アンカラ政府に助力する義勇兵のなかで、もっとも強力な不正規兵部隊であったが、投降した敵士官を無断で処刑するなど、規律に問題を抱えていた。

より深刻なのは、エトヘムが共産主義に傾倒していたことである。後述するように（一七四頁）このころ、帝国主義による侵略を駆逐するための思想として、共産主義に希望を見出す者たちは少なくなかった。エトヘムは、彼らと連携し、アンカラ政府内で政治的な影響力も発揮しつつあったのである。またこの時期、アンカラ政府に援助の手を差し伸べる外国はソヴィエトだけであり、アンカラ政府にとってその存在感は小さくなかった。

チェルケス系指揮官同士の戦いは、エトヘムに軍配が上がった。一九二〇年五月二一日、アンザヴルは負傷しイスタンブルへ逃亡した。国民軍は、治安軍をじりじりと押し返してゆき、北西アナトリアを制圧することに成功する。

六月二五日、大宰相フェリトは軍事力で国民軍を排除できないことを悟り、治安軍を解散させた。ケマルたちは、治安軍との苦しい戦いに粘り勝ちしたのだった。

アナトリア南東部——フランスとの戦い

チェルケス・エトヘム

アナトリア南東部においてフランスが占領した主要都市は、マラシュ、ウルファ、アンテプそしてアダナの四つである。

このうち、より内陸のマラシュとウルファは、シリアでの利権確保を重視するフランスにとって戦略的価値に乏しく、わずかなフランス兵が進駐したにすぎなかった。そのため、一九二〇年初頭に民衆やオスマン兵が蜂起すると、

フランスへの抵抗が行われたガーズィアンテプの城塞。2023年の地震で破壊されてしまった

マラシュでは一九二〇年二月一二日、ウルファでは四月一〇日、あっさりとフランス軍は撤退した。これらの勝利は、アンカラ政府にとって、数少ない吉報であった。

一方、よりシリアに近いアンテプと、拠点都市であるアダナには、フランスも相応の部隊を派遣していた。アンテプでは、蜂起した民衆がフランス軍に粘り強く抵抗をつづけたが、一九二一年二月八日、フランス軍に完全占領された。早くからフランス軍の支配下に置かれたアダナでは、逃亡して国民闘争に加わる者が続出、アンカラ政府もアダナ北方に軍を派遣したが、その後状況は膠着した。アンテプとアダナが奪回されるのは、一九二一年一〇月二〇日、アンカラ政府とフランスのあいだでアンカラ条約が結ばれてのちであった。

南東部での戦いには、義勇兵として女性たちも加わっていた。とくに有名なのは、その機敏さから「飛行機乗り《タイヤル》」の異名をとったラフミエである。彼女は、フランス軍が利用するトンネルの破壊活動に従事するなど活躍した。一九二〇年七月、フランス司令部を攻撃中に撃たれ、亡くなっている。

のちに、これらの都市の勇戦を記念して、マラシュは「勇者《カフラマン》」、ウルファは「栄えある《シャンル》」、アンテプは「聖戦士《ガーズィ》」の称号を付して呼ばれるようになる。

中央アナトリア――相次ぐ反革命暴動

連合国軍は、治安軍の敗北を重く受け止めた。治安軍の敗勢が決定的となった一九二〇年六月、ギリシア軍は連合国の許可を得て、北西アナトリアに軍を進めたのである。七月上旬には、かつて帝国の首都であった古都ブルサが陥落した。

ギリシア軍はヨーロッパ側にも軍を派遣し、同月、帝国第二の首都エディルネを占領している。ギリシア軍の猛攻とあいつぐ陥落に、大国民議会では、ケマルをはじめとした首脳部の責任を問う声が上がった。大国民議会の演壇は、服喪の黒布で覆われた。

西部戦線におけるギリシア軍の破竹の進撃を許したのは、精強な不正規軍を率いるエトヘムの不在も影響していた。エトヘムは、このとき中央アナトリアのヨズガトで起きた反革命暴動の鎮圧に携わっていたのである。アンカラに近いヨズガトで起こった蜂起は、アンカラ政府にとって火急の危機であった。ケマルの派遣した部隊は鎮圧に失敗し、結局、エトヘムの武力に頼らざるをえなくなった。呼び出されたエトヘムは、六月下旬に暴動を平定し、英雄として賞賛された。エトヘムは、反乱について政府の責任を追及している。ケマルは苦々しく思いながらも、エトヘムをなんとか宥めた。

ヨズガトだけではなく、反革命の暴動は、アンカラ政府の支配地域の各地で頻発した。その数は、二〇から三〇にもおよんだとされる。

身の危険を感じたケマルは、アンカラ駅の駅長宿舎に引っ越し――前線との連絡を取りやすいという利点とともに、危機が迫れば避難しやすいということも考えられたであろう――、前述したトパル・オスマン率いる私設護衛団に守らせた。

フィクリエの訪問

このころ、ケマルのもとを、継父の姪フィクリエが訪れた。彼女は、敬慕するケマルのそばで、彼の身の回りの世話をするようになる。

彼女は、ハリデが再建したアンカラの赤新月社（ムスリム諸国での赤十字）の活動にも参加した。ハリデは、「年齢にふさわしくない、もの悲しく低い声」と「厳粛さを帯びた美しい目」をそなえていた彼女が、ケマルの地位や才能に関係なく彼を愛した、母親以外のただひとりの存在だったと語っている。

フィクリエの親戚が伝えるところによると、ケマルとフィクリエは、ごく内輪の関係者のみ知る形で、婚姻関係を結んでいたという。未婚女性と生活をともにすることは、当時の慣習からいってふさわしくない、とみなされたゆえであろう。ケマルが彼女と公の形で結婚しなかったのは、ケマルの母ズベイデの意向があったといわれている。ズベイデとフィクリエの仲がなぜ良くなかったのか、その理由はつまびらかではない。

ケマルは、一九二一年春、アンカラでの住みかを、チャンカヤ区の邸宅に移し、フィクリエも付き従った。チャンカヤは、当時のアンカラの中心から離れた丘陵地帯にあり、当時は果樹園が広がるばかりであったが、のちのトルコ共和国では高級住宅街として発展し、「チャンカヤ」といえば大統領官邸のことを指すようになる（ただし、エルドアン大統領は二〇一四年、別の地区に大統領官邸を新築している）。

セーヴル条約

危機的な状況のなか、オスマン帝国への「死亡宣告書」というべきセーヴル条約が、一九二〇年八月一〇日、パリ近郊で調印された。

フィクリエ

イズミル周辺とトラキアはギリシア、地中海沿岸はイタリア、シリアとアナトリア南東部はフランス、イラクとパレスティナはイギリスが、領有あるいは勢力圏とする。アナトリア東部にはアルメニア人の国家が建国され、おなじくアナトリア南東部にはクルド人の自治領が設定される。オスマン帝国に残されるのは、アナトリア中央部と、共同管理され非武装化されたイスタンブルだ

セーヴル条約（1920年）によるトルコ分割案

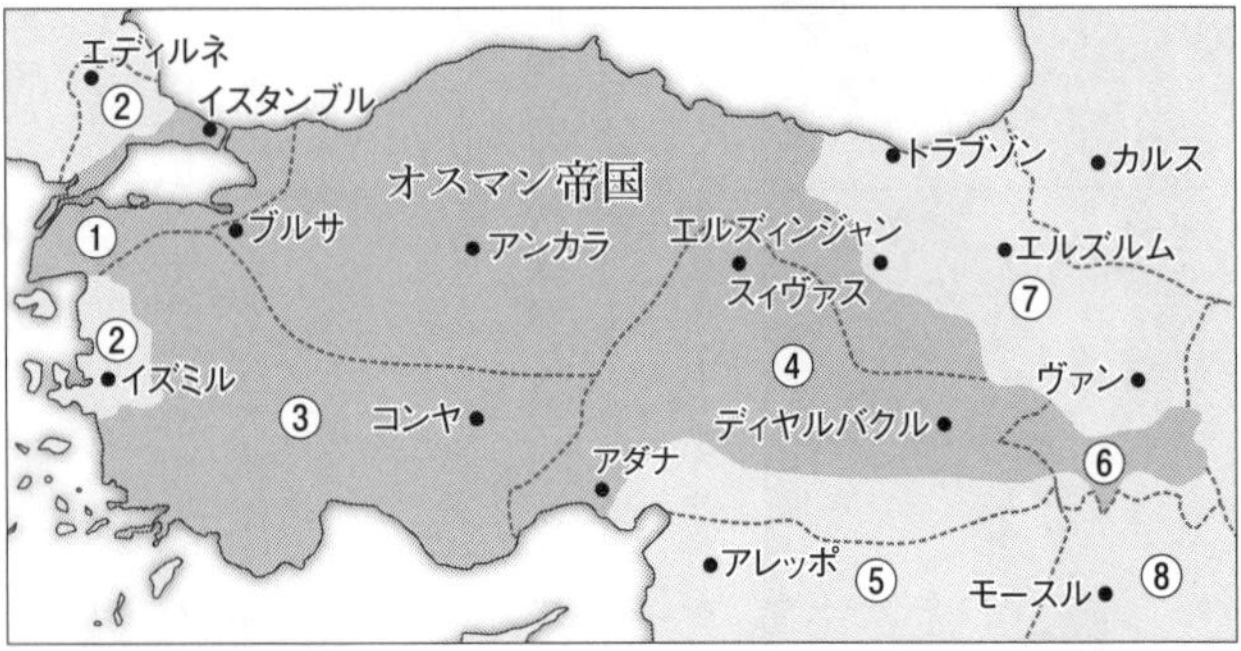

①海峡委員会の管理　②ギリシアの勢力圏　③イタリアの勢力圏
④フランスの勢力圏　⑤フランス領　⑥クルド自治領
⑦アルメニア領　⑧イギリスの勢力圏
▭ セーヴル条約で定められたオスマン帝国領

出典：Cevdet Küçük, “Sevr Antlaşması,” *Türkiye Diyanet Vakfı İslâm Ansiklopedisi*, vol.37, 2009, p.2 所収の地図をもとに作成

けであった。第一次世界大戦時にオスマン政府が一方的に廃止を宣言した不平等条約《カピチュレーション》も、ふたたび課されることになった。

きわめて過酷な内容といえるセーヴル条約の衝撃は、トルコの人々にのちのちまで深いトラウマを残した。欧米によってトルコが侵食、分割されかねないという危機意識は、「セーヴル症候群《シンドローム》」と呼ばれ、現在でもトルコ人の心性に影響を与えている。

この条約に調印したのは、大宰相フェリトであった。しかし、批准には議会の同意が必要であり、オスマン帝国議会はこのとき解散したままであった。ふたたび議会を開くには、アンカラ政府の協力なくしてはありえなかったために、フェリトにかわってより協調的なテヴフィクが大宰相となり、ケマルらとの交渉にあたることになる。

一二月、イスタンブル政府は、アンカラ政府と交渉するため、このとき内相を務めていたイッゼトをアマスィヤに派遣する。アンカラ政府にも、かつてイッゼトのもとで戦った軍人は多く、信頼しうる人物といえた。

しかし、ケマルにとって、すでにイスタンブル政府と妥協する時期は過ぎていた。このころケマルは、これまで名指しでの批判を慎重に避けていたヴァフデッティンを、「国民と国家への裏切り者」と直接、批判するようになっていた。ケマルはイッゼトを拉致同然にアンカラへと連れ去り、表面上は、アンカラ政府を支持するためにやってきた客人として、軟禁したのだった。

ソヴィエトとの交渉

第一次世界大戦での勝利者たる連合国を敵に回し、国際的に孤立無援であったアンカラ政府にとって、唯一、味方といいうる存在は、ソヴィエトであった。

ボルシェヴィキのソヴィエト政権は、イギリスをはじめとした帝国主義と対抗関係にあった。帝国主義の桎梏《しっこく》から逃れようとしていた人々にとって、この時代、ソヴィエトと共産主義は光明でもあった。ロシアやイギリスの支配下にあったコーカサス地方や中央アジアのムスリムたちも、民族独立をもとめて、彼らなりに共産主義に近づき、民族運動の推進力とした。一九二〇年九月、バクーで開催された「東方諸民族大会」は、その象徴的な出来事である。ソヴィエトが主導したこの大会には、東方のムスリム諸民族の代表たちのほか、本書でしばらく姿を消していた人物――エンヴェルが参加していた。

もともと大戦末期から、エンヴェルはソヴィエトとの接触を進めていた。彼はベルリンに亡命した後も、幾度となくモスクワに赴き、ソヴィエトの力を借りた復権を試みていたのである。国民闘争の協力者たちには、エンヴェルをなお信奉する、旧統一進歩協会のメンバーも少なくなかった。ゆえにケマルも、アナトリア北東部の守護者であったカラベキルも、エンヴェルの動向には細心の注意を払わざるをえなかった。

アンカラ政府の指導者たちのなかにも、帝国主義へ対抗しうる精神的・理論的よりどころとして、共産主義に傾倒した者はすくなくなかった。「最初の五人」にして西部戦線司令官であるファト准将や、おなじく西部戦線をささえる不正規軍の棟梁チェルケス・エトヘム、財相ハック・ベヒチといった名前を挙げるだけでも、その影響力の強さがうかがえるであろう。

ケマルやカラベキルにしても、国民闘争の初期から、ソヴィエトとの協力関係を模索していた。とはいえ、彼らが、思想的に共産主義に傾倒したという証拠は、みうけられない。むしろ彼らは、共産主義の浸透によって、みずからのリーダーシップが奪われることを警戒していた。

ケマルにとってソヴィエトは、その援助なくしてはギリシアや連合国軍との戦いを勝ち抜くことは不可能な、しかし気を許しすぎると内側から食い破られかねない相手なのだった。

アンカラ政府内の共産主義支持者をどう制御するかは、ギリシア軍と雌雄を決する前に、解決しなくてはならない問題となった。これについては、すぐ後で詳述することになろう（一七四頁）。

ともあれ、妥協の産物であったにせよ、ソヴィエトとの折衝は実を結んだ。一九二〇年六月、ソヴィエト外務人民委員チチェーリンは、国民誓約の一定の是認を表明する。抵抗運動の成果が、はじめて国際的に承認されたのだった。

ケマルは、外相サーミを全権使節としてモスクワに派遣し、引き続き交渉を進めてゆくことになる。

しかし、モスクワも、手放しで抵抗運動を後押ししたわけではない。八月、チチェーリンは、ヴァンとビトゥリスをアルメニアに割譲するよう要求した。国民誓約で定めた固有の領土であるこれらの地域の割譲は、アンカラ政府にとって飲める条件ではなく、ケマルはこれを拒絶した。

アナトリア北東部の状況は、急速に不安定化しつつあった。

アルメニアとの戦い

ここで、アルメニアの状況について説明しておこう。四月にソヴィエトの赤軍が侵攻し共産党政権が成立したアゼルバイジャンとことなり、アルメニアでは、ダシナク党による民族主義政権が成立していた。赤軍は、ダシナク党政権との協調路線を採用し、介入をひかえていた。そのダシナク党政権は、現在の領土よりもはるかに広い地域の領有を主張し、オスマン帝国領への襲撃を繰り返す。さきのチチェーリンによる割譲要求は、それを後押しするものであった。

チチェーリンの後押しを受けアルメニアが軍事活動を活発化させるなか、アンカラ政府の許可を得たカラベキルは、九月末、反撃に転じる。カラベキル率いる軍団は、士気も練度も高く、アルメニア軍を圧倒した。一〇月三〇日には主要都市カルスを占領し、多量の捕虜と武器を鹵獲、最終的にはギュムリュやウードゥルまで進軍する。

一二月二日、アンカラ政府は、アルメニアとのあいだでギュムリュ条約を締結した。これは、セーヴル条約に記されたアルメニアの領土拡大を実力で阻止した、記念すべき条約であった。

凱旋将軍となったカラベキルは、東方の征服者として賞賛される。カルス征服直後に少将に昇進した彼は、いまや、アンカラ軍のなかでもっとも位の高い将軍となった。

ただし、アルメニア軍の劣勢をみた赤軍が、ほぼ時を同じくしてエレヴァンに侵攻、アルメニア・ソヴィエト社会主義共和国が建国されており、この新しいソヴィエト政権は、ギュムリュ条約を認めなかった。

アンカラとモスクワは、いまなお緊張関係のなかにあった。

アンカラ政府内での権力闘争

ここまで、一九二〇年のアンカラ政府が経験した対外的な苦闘をみてきた。治安軍、フランス軍、アルメニア軍を打倒したアンカラ軍は、敢闘したといえるだろう。しかし、もっとも士気が高く、イギリスの支援をうけたギリシア王国軍の侵攻は、アナトリア内で散発する反革命暴動とあいまって、アンカラ政府をなお苦境にたたせていたといってよい。

こうしたなか、アンカラ政府におけるケマルの、指導者としての権威は揺らいでいた。ケマルに代わる指導者の資質をそなえていたのは、第一に、東方の征服者たるカラベキルであった。たとえば九月には、大国民議会の副議長であったジェラーレッティン・アリフが、カラベキルが本拠地とするエルズルムに赴き、カラベキルと組んで、当地を国民闘争の中心とすべく画策した。このとき、カラベキルは最終的にアリフの要請を断っている。東方の守護者たらんとみずからを規定していたカラベキルは、アンカラでの政争に打って出ることを控えていたからである。しかし彼が潜在的なケマルのライバルであるのは、衆目の一致するところであった。

またアンカラにおいては、共産主義に共感を抱く議員や指導者たちが、すくなくなかった。彼らは、ケマルに完全に敵対しているわけではなかったが、独裁的な傾向のあるケマルに一定の反発をみせ、独自の政治組織を形成しつつあった。

その端緒が、五月、財相ハック・ベヒチや内務次官ナーズムらによって結成された「緑　軍《イェシル・オルドゥ》」である。これは、共産主義のイスラム的実践を掲げ、預言者を象徴する色である「緑」から名を取った半公然の政治結社であった。緑軍の結成は、ケマルの黙認を得ていたと考えられる。ケマルにしても、彼らの活動を一切拒絶することは、政治運営にさしさわりがあると考えたのであろう。しかし、独自の武力を持つエトヘムが緑軍に加入し、さらにはナーズムが――ケマルの推すレフェトを投票で破って――内相に就任すると、ケマルは、この組織が自分のコントロールを離れつつあることを悟らざるをえなかった。

さらに九月、緑軍とつながりのある議員たちが、ナーズムを中心として「人民グループ」を結成する。八〇名から九〇名の賛同者を得ていたというから、一大勢力だったといえよう。

ケマルは、国内の共産主義者への対策に本腰を入れねばならないことを認識した。とはいえ、共産主義を直接的に排除することは、モスクワとの関係や、アンカラにおける共産主義支持者の影響力にかんがみると、困難であった。

そのためにケマルがとった作戦は、「官製」トルコ共産党を組織することだった。一〇月に創設されたこの党には、イスメト、フェヴズィ、ファアト、レフェトといったケマル旧知の軍人たちが加わっていたから、いかにケマルお手盛りの組織であったかがわかるだろう。緑軍は解散し、トルコ共産党に吸収合併された。トルコ共産党は、国際的な共産主義の組織である第三インターナショナルへの加盟も申請している。しかしこれについては、その成立の意図が見透かされ、参加を拒まれた。

また九月には、独立法廷が設置されている。フランス革命時の革命裁判所や、ボルシェヴィキの政治警察チェーカーを模したといわれるこの法廷は、上告が許されなかった。ケマルにとって、反革命活動に携わる者のみならず、政敵を排除するさいの武器となったのである。前述のナーズムは、トルコ共産党に参加せず、独自に人民社会主義党を結成したが、まもなく独立法廷で裁かれ一五年の重労働刑となり、同党も解散した。

エトヘムとの決着

のこるは、独自の武力を有するエトヘムであった。

アンカラ政府は、一九二〇年のなかばにいたるまで、西部戦線の軍事力を不正規兵に頼っていた。しかし、不正規兵は規律に問題を抱えるうえ、占領した地域を安定して確保するには不向きだった。そのため、早くから正規軍の拡充の必要性が認められており、一九二〇年五月一六日には、原則としてすべての不正規兵が正規軍に改編されるべきと定められた。

これにより、不正規兵は徐々に正規軍に吸収されていったが、エトヘムを筆頭に、一部の有力な不正規兵のリーダーたちは、その限りではなかった。

とくに騎兵三〇〇〇を擁するエトヘムの部隊は、正規軍の三倍の給金を支払われていたともいい、正規軍を脱走し彼の部隊に加わる者が後を絶たなかった。キュタヒヤを拠点とするエトヘムは、共産主義を信奉し、アンカラ大国民議会とのパイプをもち（兄レシトが大国民議会議員であった）、独自の新聞を発行していた。すなわちエトヘムは、軍事力、イデオロギー、政治力、そしてメディアを有する、独立勢力の様相を呈していたのである。

転機となったのは、一九二〇年の一〇月から一一月にかけて起こった、ゲディズをめぐる攻防戦である。キュタヒヤ近郊の小邑《しょうゆう》ゲディズは、このときギリシア軍の支配下にあった。エトヘムは、機を見てこの村の奪取に成功する。ギリシア軍に押され続けていたアンカラ政府にとって、価値ある勝利といえた。しかし正規軍との連携ができていなかったため、結局エトヘム軍はギリシア軍の援軍により手痛い打撃を受け、ゲディズ以外の地でもさらなる敗北をこうむってしまったのだった。

西部戦線の総司令官ファアトも、正規軍への転換を基本的には支持していたが、現実にはエトヘムの協力なしには、ギリシア軍との戦いを続けることはできなかった。思想的にも、ファアトは共産主義に共感を抱いていたから、エトヘムとはいわばつかず離れずの仲であった。

そのためケマルは、ゲディズをめぐる事態を奇貨とし、ファアトを西部戦線総司令官から解任し、彼をモスクワ駐箚大使に任命した。後任には、西部戦線の北方司令官としてイスメト、南方司令官としてレフェトを任命した。

このファアトの解任について、のちにケマルは、ゲディズにおける失策の責任を取らせたのだ、と回顧している。オスマン帝国時代から、国外への任命は、中央の政治から政敵を排除するために行われていた。そのため、一種の左遷だったのはたしかであろう。しかし、モスクワとの折衝は、当時のアンカラ政府にとって死活問題であった。ファト自身も、モスクワへの任務を前向きにとらえており、出国前、ハリデに興奮した面持ちで共産主義の理想について語り、彼女をモスクワ行に誘ってもいる（彼女は、逡巡したのち、アンカラに留まることを選んだ）。

なおモスクワに赴いたファトは、翌年にスパイの嫌疑をかけられ、ほうほうの体でアンカラに戻ることになる。ファトに先立ち、モスクワに全権大使として赴いていたサーミも、帰国後はボルシェヴィキの権威主義的支配について口を極めて批判するようになっていた。共産主義へのゆるやかな共感は、ソヴィエト政権の実態にふれたことで、雲散霧消したようである。

ともあれ、ケマルによるファトのモスクワ任命は、潜在的な政敵を遠ざけ、エトヘム征討を地ならしし、そしてモスクワとの交渉に適材適所の人材を送り込むという、いくつもの課題に同時に対応するための妙手だったといえるだろう。

一九二〇年末、イスメトとレフェトの正規軍計一五〇〇〇が、エトヘムの本拠地キュタヒヤに進軍すると、エトヘムは直接対決することなく、キュタヒヤを明け渡した。

追い詰められたエトヘムは、腹心の部下たちとともにギリシア軍に投降した（一九二一年一月六日)。その後エトヘムは亡命生活を続け、トルコに戻ることなく、一九四八年にヨルダンで客死している。

ついさきほどまで死闘を繰り広げていた、仇敵たるギリシア軍に走ったことは、アンカラの人々が抱いていたエトヘムへの幻想を打ち砕いた。この結果、不正規兵の正規軍への統合はほぼ完了すると同時に、ケマルの政敵であった共産主義者たちも、その影響力をおおきく減じることになった。

アンカラ政府は、エトヘムの退場とともに、一九二一年を迎えた。

五　決　戦

第一次イノニュの戦い

一九二一年は、アンカラ軍とギリシア軍との衝突で幕を開ける。

ギリシア王国は、前年の末に、これまで戦争を主導してきたヴェニゼロス首相が選挙で敗北し、アレクサンドロス国王が猿に噛まれ病死するという災難に遭っていた。これを機に、フランスとイタリアは、オスマン帝国での戦いから徐々に距離を取り始めた。しかし、イギリスのロイド・ジョージだけは、なおもギリシアの戦争を後押しした。

ヴェニゼロスの政敵パポウラス将軍が遠征軍の総司令官に任命されると、ギリシア軍の動きは活発化した。エトヘムがギリシア側に投降したのと同じ一月六日、ギリシア軍は、アナトリアの内陸部に進軍を開始する。

西部戦線北方の司令官イスメトは、イノニュの地でギリシア軍の一部隊を迎え撃ち、一月一一日、これを撃退した（第一次イノニュの戦い）。ギリシア側にとっては、小競り合いでの敗北にすぎない。アンカラ軍のささやかな戦果であったが、ケマルはこれを大勝利として喧伝した。

イスメトは、戦勝の功績で准将へと昇進した。のちに彼は、この勝利にちなみ「イノニュ」という姓を名乗ることになる。

権力基盤の確立――一九二一年憲法と権利擁護グループ

イノニュでの戦勝に引き続き、大国民議会にて「基本組織法」が採択された（一月二〇日）。皇帝やカリフの位置づけについてあえて言及せず、国民主権を強調し、大国民議会議長（すなわちケマル）に権力を集中させたこの法は、のちに「一九二一年憲法」と通称されるように、実質的な憲法として機能した。

また基本組織法が、この国を「トルコ国家」だと言及したことも重要である。「トルコ」という民族名が、はじめて国家をになう主体として明示されたのだった。

五月、イギリスに逮捕され、マルタ島へ流刑にされていた抵抗運動の支持者たちが解放され、アンカラに合流する。イギリスもアンカラ政府と妥協点を探ろうとしており、そのひとつの結果であった。釈放された者のなかには、トルコ民族主義の理論家ズィヤー・ギョカルプ、そしてケマルの盟友で政治力に長けたアリ・フェトヒの姿があった。

時を同じくして、ケマルを支持する議員たちによって、「権利擁護グループ（第一グループ）」が結成される。大国民議会議員の過半数を占めた彼らは、事実上の与党として、ケマルの意志を議会で代弁するのに重要な役割を果たした。またこの時期、ケマルは閣僚に自身の支持者を増やすことに成功し、すこしずつ自身の権力基盤を固めつつあった。

動く国際情勢――ロンドン会議とモスクワとの条約

一九二一年二月に開催されたロンドンでの会議には、イスタンブル政府から大宰相テヴフィク、アンカラ政府から外相サーミが参加した。しかし、セーヴル条約の微調整にしかすぎない提案は、ギリシア軍の完全撤退を求めるアンカラ政府にとっては受け入れられるものではなく、会議は物別れに終わった。

ただし、強硬なイギリス首相ロイド・ジョージ、そしてその後押しをうけたギリシアとはことなり、フランスとイタリアは、アンカラ政府に譲歩せざるをえないと考えていた。サーミは交渉の結果、両国に経済的な特権を与えることを見返りとして、停戦や撤退を取り付けた。彼にとっては十分な成果と思われたが、この結果を聞いたケマルはいら立ちを隠さず、議会に諮るのを差し止めた。ギリシアとの明確な勝利を得るまで交渉をひきのばし、戦勝をもってより有利な条件を結ぶべきだと、ケマルは考えていたのである。

二月には、コーカサス地方でも情勢が動いていた。赤軍がジョージア（旧名グルジア）に進軍し、首都トビリシを占領、ソヴィエト政権が成立したのである。ジョージアの混乱にさいして、カラベキルは迅速に対応し、かつてオスマン帝国がロシアに奪われた都市、アルダハン、アルトヴィン、そしてバトゥムを取り戻した。

黒海に面する港湾都市バトゥムは、オスマン帝国が長いあいだ統治していた地であったが、それゆえにモスクワとの交渉の重要なカードとなった。モスクワ駐箚大使フアトは、チチェーリンとの交渉のすえ、バトゥムをソヴィエトに譲り渡す代わりに、大規模な経済および軍事援助――金貨一千万枚、四万五千丁のライフル、三〇〇丁の機関銃、一〇〇門の野戦砲――を引き出したのだった。こうして、アナトリア東方の国境は確定した。

このとき締結された友好和親条約は、ロシア帝政時代に結ばれた条約の無効化、不平等条約《カピチュレーション》の撤廃、そして国民誓約で定めた国境の承認、という大きな意義も持っていた。

第二次イノニュの戦いと皇太子の助力

東方国境の安定と、フランスおよびイタリアが積極的な介入をしないという見込みが得られたことで、残る相手は、ギリシア軍だけとなった。ギリシア軍司令官は、ギリシア本土からの増援を受けて、アンカラへ向けて圧力をかけた。

イスメトは、三月末、ふたたびギリシア軍に勝利したが（第二次イノニュの戦い）、四月にレフェトが敢行した攻撃は失敗し、手痛い損害を被った。これをうけてケマルは、西部戦線の指揮権をイスメトのもとに統一する。

アンカラ軍の勝利を、皇帝ヴァフデッティンは苦々しく見ていたに違いない。しかし、彼の従弟である皇太子アブデュルメジトは、抵抗運動に共感を抱いていた。彼はかつて、抵抗勢力に接触を試みたため、当局に監視されたこともある。

イノニュの戦勝をうけ皇太子は、息子のオメル・ファールク皇子を、抵抗運動に参加させるべくアンカラに送ろうとした。しかし、皇子が黒海沿岸の町イネボルにたどり着いた知らせを受けたケマルは、皇子を丁重に送り返すよう命令した（四月二七日）。ケマルにとってオスマン皇族の助力は、国民闘争初期であればともかく、もはや邪魔でしかなかったであろう。

ギリシア軍の進撃

ギリシア王国は、ふたつのイノニュの戦いを経て、国際社会の風向きが逆風に変わりつつあると感じざるをえなかった。そこでギリシア軍は、乾坤一擲の大攻勢によって、戦局を一気に変えようと決意した。

六月、ギリシア軍の増援がアナトリアに上陸、ギリシアの新王コンスタンディノスもイズミルを訪問し、パポウラス将軍を激励した。

ギリシア軍の総攻撃が開始されたのは、七月一〇日である。エスキシェヒル、そしてキュタヒヤと、アンカラ政府の拠点は次々と陥落した。迎え撃ったイスメトが手痛い敗北を被ると、脱走兵が続出、難民が流れ込んだアンカラはパニックに陥った。

大国民議会は、ケマルや、このとき実質的な参謀総長であったフェヴズィの責任を追及し、アンカラより内陸部に位置するカイセリに議会を避難させる案が可決された。ある将校の妻が、ケマルの私邸に押しかけ避難の費用を無心すると、ケマルは手持ちの金銭をすべて分け与えたという逸話もある。

ケマルその人も含めて、だれもが事態の深刻さに言葉を失っているなか、フェヴズィだけが、決戦でギリシアに勝利する可能性を口にしていたという。ケマルは彼の言をよしとし、おおいに勇気づけられたようだった。

総司令官就任と決戦準備

この非常事態を解決するため、八月五日、議会はケマルを、全権を掌握する総司令官に任命した。

総司令官は、近代のオスマン帝国においては、皇帝のみが就くことのできる地位であった。絶頂期のエンヴェルにしても、正式な肩書きは「総司令官代理」であったから、まさに破格の任命である。ケマルにすべての権力を集中させることで、非常事態を乗り越えんとする、乾坤一擲の作戦であった。

ハリデによると、当時ケマルは「戦場で幸運をもたらす魔力」を持っている、と信じられていた。もちろん比喩であろうが、ガリポリの戦い以降、ケマルが積み上げてきた戦績が、彼ならば危機を打開してくれるに違いない、という希望を抱かせたのである。

ただし、総司令官就任には条件が付けられていた。三か月間という期限付きの任命であり、かつ、議会は任意に彼を解任しうるというものである。これは、失敗したときケマルは政治生命を失うことを意味した。そしておそらく、アンカラ政府を指導する役割は、カラベキルが受け継ぐことになるであろう。あるいはそれは、このときバトゥムに潜み、アナトリアへ返り咲くことを狙っていたエンヴェルであるかもしれない。

のちにケマルは、シニカルに回想している。総司令官に任命することで、反対派たちは自分を処断することを望んでいたのだ、と。

こうして、ケマルは二年ぶりに、軍服に袖を通すこととなった。

ケマルは、進軍するギリシア軍をさらに内陸へと引き込むことで、補給に負担を与えるとともに、反攻のための時間を稼ぐ作戦を取った。「彼らは、国土の内奥で窒息するだろう」とは、総司令官就任時のケマルの言である。

同時にケマルは、国民徴発令を発布し、民衆から、武器はもちろん、車輌、衣服さらには食糧の提供を求め、また戦争のため放棄された物資はすべて軍が利用できるものとした。

　前線から「左遷」されていたレフェトは、国防相に任命され、前線への補給線の確保に尽力、みずからの能力を証明した。とくに、黒海沿岸の港ゾングルダクに届けられたモスクワからの支援物資は、アンカラ軍にとって極めて重要であった。農民の女性たちが、牛車で前線まで物資を運んだ逸話は、国民闘争を彩る語り草のひとつである。

牛車で軍需物資を運ぶ女性を讃えた像

サカリヤ川の戦い

　こうして、舞台は整った。

　決戦の地は、アンカラからわずか西方五〇キロメートルに位置する、サカリヤ川東岸であった。ギリシア軍の進軍を戦略的に許したものの、これ以上の侵入は許容できなかった。

　戦いの直前（八月一二日）、前線を視察したさいに落馬し肋骨を折るという不運に見舞われたケマルであったが、痛みをこらえ、前戦に至近の地に司令部を構えた。

　戦いが始まったのは、八月二三日である。

　ギリシア軍は十万、アンカラ軍は九万と兵数はほぼ互角だった。しかし装備の面では圧倒的にギリシア側が優越しており、アンカラ軍は劣勢に立たされた。戦いが佳境に入った九月二日、要地であるチャル山が奪われると、議会は激しくケマルを非難した。ケマルは、このとき撤退も視野にいれたという。アンカラで彼を待つフィクリエに、避難するよう連絡してもいる。

「この夜、ムスタファ・ケマル・パシャの目は、ダンテが語る地獄で責め苦を受ける者の目のように、言葉にできないほど沈痛なものだった」と、伍長として司令部に詰めていたハリデは伝える。

しかし、ギリシア軍の攻勢は、このときすでに限界に達していた。まもなくギリシア軍は撤退を始め、それを察したアンカラ軍は一〇日に総攻撃を開始する。九月一三日、ギリシア軍はサカリヤ川西岸への渡河を完了し、戦いは終わった。死力を使い果たしたアンカラ軍に、サカリヤ川を越えて追撃する余力はなく、ギリシア軍が立ち去るのをただ見送らざるをえなかった。

だが、まぎれもなく、これは勝利であった。

勝報を受け、議会はケマルに、元帥の位と聖戦士《ガーズィ》の称号をあたえることを決定した。世俗主義を奉じるケマルであったが、この称号をことのほか好み、みずからの署名に「ガーズィ」を加えることになった。以降のトルコにおいてこの称号は、宗教色を薄め、「国民の大義のために戦う戦士」というニュアンスを帯びるようになる。のちに「アタテュルク」の姓を得るまでは、人々は彼のことを「ガーズィ閣下」と呼びならわすようになった。

国際情勢の好転

サカリヤ川での勝利は、事態を大きく動かした。

バトゥムでアナトリア入りの機会をうかがっていたエンヴェルは、ケマルの戦勝により自分が入り込む余地は失われたと悟り、まずバクー、そして中央アジアへと去った。彼はそこでトルコ民族の独立運動に参加し、一九二二年八月に戦死する。

タラートはベルリンで一九二一年三月に、ジェマルはトビリシで一九二一年七月に、どちらもアルメニア人暗殺者に殺害されていたから、統一進歩協会の指導者として一時代を築いた三人は、ほぼ同時に歴史の舞台を去ったことになる。

歩み寄りの姿勢を見せていたものの、日和見をつづけていたフランスは、サカリヤの結果を受けて、一九二一年一〇月二〇日にアンカラ政府と条約を締結（アンカラ条約）、アダナやアンテプなど、南東アナトリアの主要都市から撤兵した。

また、九月末からカラベキルのもとでカルス会議が開かれ、モスクワ、アルメニア、アゼルバイジャン、ジョージアの各ソヴィエト政権の使節が、さきの友好和親条約で定められていた国境を確認した。

ただし、モスクワとの「蜜月」はここまでだった。フランスとの条約締結に、ソヴィエト政府はつよく抗議した。ケマルは、ソヴィエト政府との決裂を望んではいなかったが、すでに彼らの助けを必須とする段階が過ぎ去っていたのも、確かであった。

イギリスも、ギリシア支持の姿勢は崩さなかったものの、戦後をにらみ譲歩する必要性に迫られた。一〇月には、マルタ島に流刑となっていた要人たちが全員解放され、ラウフやカラ・ヴァースフら、抵抗運動の指導者格の面々がアンカラ政府に合流することになる。

三か月と定められていたケマルの総司令官の地位は、ギリシア軍との決着がついていないことにかんがみ、延長された。国力は疲弊しきっており、いまなおイズミル周辺を占領するギリシア軍を駆逐するには、さらなる戦いが必要とされた。ケマルは総動員令を発し、来るべきギリシア軍との決戦にそなえた。

そのギリシア軍は、撤退時に北西アナトリアを焦土とし、多くの死者や難民が出た。いま、ヤロヴァやビレジキなど歴史ある都市にオスマン帝国時代の歴史的建造物があまり現存していないのは、このときの破壊のためである。連合国の調査団は、「組織的な破壊があった」と結論付け、あるフランス人ジャーナリストは、その惨状を見て「まるで、破壊されたばかりのポンペイのようだ」と嘆息している。

「大攻勢」――ギリシアとの決着

ケマルは、ギリシアとの最終決戦をいそがなかった。ひとつには、サカリヤ川の戦いで消

「大攻勢」のさい、司令部付近の岩場でのケマル。この写真は、国民闘争を象徴するアイコンとなった

耗しきった軍隊を再編しなおす必要があったこと、そしてもうひとつは、これ以上の流血をみることなく外交で解決する道を探っていたからである。

アンカラ政府の外相ユスフ・ケマルは、イスタンブルにいる連合国の高等弁務官たちと会談し、フランスからは、イギリスと対立することになってもアンカラ政府を支持するとの言質を得た（一九二二年二月）。イギリスでも、ギリシアをイズミルから撤退させるべしとの論調が強まり、連合国は、三月にはギリシアとアンカラ政府のあいだの和平を提案する。しかし、イズミルからの撤退が定められていたものの、エディルネを含むトラキアの一部がギリシアに属するとされたこともあり、アンカラ政府はこれを拒絶した。

外交交渉がつづくなか、アンカラ軍が最終

決戦への準備を整える一方で、ギリシアは混乱していた。トラキアに展開するギリシア軍が、事態の打開を狙いイスタンブルに進軍したものの、連合国軍に追い返されるという珍事をおこしている。

八月、内相となったフェトヒが、交渉のためロンドンに渡る。しかし、イギリスの要人に拒絶され、会談すら行えなかった。その知らせを受けたケマルは、外交による解決は困難だと悟る。

ギリシア軍は、北西アナトリアからは撤退したものの、アンカラとイズミルのあいだのほぼ中央、アフヨンカラヒサル西方に軍隊を配していた。ケマルたちは、サッカーの観戦を口実として秘密裏に会合を重ね、開戦の準備を進めた。ギリシアとの決戦は、八月二六日に決定された。

アンカラ政府は、ここで敗北すれば軍備を立て直す余裕はなかった。まさしく背水の陣である。ムスタファ・ケマル自身が攻撃の指揮をとり、イスメト、フェヴズィ、ヌーレッティン、ファフレッティンと名だたる将官が加わった。

三〇日まで続いたこの戦いは、アンカラ軍の圧勝に終わった。この日は、トルコ共和国において戦勝記念日として慶賀されている。

この戦いは、トルコ共和国においては、一般に「大攻勢《ブユク・タアアルズ》」と呼ばれている。また、戦いのあとすぐ、イスメトの提案により、ケマルの指揮を讃え「総司令官の戦い」とも呼ばれた。これに加わった将軍たちは、全員が一階級昇進している。

九月一日、ケマルは勝利を宣言し、兵士たちに告げた。

「兵たちよ！　目的地は地中海だ。進め！」

六　帝国滅亡

イズミル奪還

一九二二年九月九日、アンカラ軍はイズミルに到達した。ケマルの入市は、その翌日である。

ギリシア軍はすでに撤退を進めており、一〇日後には、すべてのギリシア軍がアナトリアを退去した。

イズミル奪還は、一部で凄惨な暴力を引き起こした。イズミルにおけるアンカラ軍は、いち早く入市をはたしたヌーレッティンが統括していた。ギリシア人への復讐の念に駆られた彼は、到着まもなく、正教会のギリシア人司教を裏切りの咎で告発、いきりたった民衆が彼に暴行し、殺害するにまかせたのである。

一三日には、イズミルを大火が襲う。アルメニア人地区からあがった火の手は、市街を嘗《な》め尽くし、四分の三が灰燼《かいじん》に帰す惨事となった。出火の理由はさだかではないが、責任者たるヌーレッティンが適切な措置をとらなかったことが、被害を甚大にしたのは間違いない。北西アナトリアにおける広範な破壊はギリシア軍によるものだったが、ことイズミルの被害に限れば、アンカラ軍の責任に帰せられるであろう。

ケマルは大火後、ヌーレッティンの責を問いつつも、最終的には免罪している。ケマルは、大統領になったのちも、イズミル大火に言及することはなかった。

ただし、ギリシア人への報復感情をむき出しにしたヌーレッティンと異なり、ケマルは、復讐が無意味であることをよく理解していた。戦後を見据えるならば、隣人たるギリシアとの関係の再構築は、必須の課題だったのである。

ラティフェとの出会い

ケマルは、混乱の続くイズミル市街を避け、安全な拠点を新たに探さねばならなくなった。ケマルが候補のひとつとして選んだのは、裕福な商人で、イズミル市長を務めたことのあるムアンメルの所有する白い屋敷であった。しかしムアンメルはこのとき不在であり、代わりに一家の実質的な女主人であったのは、彼の娘ラティフェ「ウシャキー」であった。

ラティフェは、このとき二四歳である。彼女は、ウスキュダルのアメリカン女子カレッジで教育を受け――ハリデと同窓ということになる――、フランスやイギリスに留学した、語学に堪能な才媛であった。小柄で、ハリデ評すところの「生意気そうな眉」を持つ彼女は、ギリシア軍のイズミル占領後、しばらく家族とともにパリに避難していた。しかし、国民闘争に協力すべく父に先んじて帰国、下着に書類を隠して連絡役を務めるなど、レジスタンスに積極的にかかわっていた。占領軍当局に監視され、逮捕されたこともある。

彼女は、国民闘争の英雄であるケマルの写真を、つねに持ち歩いていたという。ケマルの申し出を一も二もなく受け入れた彼女は、郊外にある屋敷をケマルに提供したのである。

ラティフェは当初、別宅に住むことにしたが、男手だけの屋敷が荒れ果ててゆくのに耐えきれず、屋敷の別棟に移り、食事や清掃の手配をするようになった。

イズミル滞在を通じて、ケマルとラティフェは急速に親しくなってゆく。ケマルは、西洋風の教養を身に着け、才気あふれる彼女をいたく気に入った。ケマルだけではない。屋敷には、カラベキル、ラウフ、フアト、イスメト、そしてハリデと、錚々たる国民闘争の担い手たちが訪れたが、彼らはみな口をそろえて、ラティフェの魅力に言及している。

ケマルは彼女を、「ラティフ」と男性名で呼んだ。「ラティフェ」とはもともと、「ラティフ」という男性名に女性形を示すeを付して女性名としたかたちである。彼女をこう呼んだのは、ケマルの一種の照れ隠しであったろうか。

ラティフェは語学の才能を生かし、早朝、主要外国紙の記事を把握し、起床したケマルに、珈琲とともに必要な事件を伝えた。いわば彼女は、ケマルの実質的な秘書官として、彼の傍らに付き従ったのである。このころケマルの副官を務めていた旧友サリフは、自分の立場がない、とぼやいている。実際にケマルは、彼女を「副官《ヤヴェル》」と呼ぶこともあった。

ふたりの親密さは、次の逸話からもわかる。ケマルは、飲酒に由来する慢性的な体調不良を抱えており、医師に節制を命じられていたが、生活習慣を改めようとはしなかった。それを知ったラティフェは、ケマルの健康を守るべく、屋敷の酒瓶を片付けてしまう。ケマルは、友人たちに不平をこぼしながらも、ラティフェのお節介を、すくなくともこの時点では、好ましく感じていたようだった。

ケマルは、女性としても、ラティフェに惹かれていた。ハリデは、ケマルが恋に落ちているのは明白だった、と記している。ケマルとラティフェは、トルコの将来について、幾度も語らった。

そしてケマルは、三週間という短いイズミル滞在中に、ラティフェに求婚するにいたる。ラティフェは、知り合ってまもないことと、父が不在であることを理由に、すぐには承諾しなかった。しかし、ケマルがイズミルを去りアンカラへ戻る直前、求婚を承諾したようだ。ラティフェは、ケマルとともにアンカラへ行くことを望んだが、ケマルは彼女に、イズミルで待つように伝えた。ケマルには、なすべきことが山積していたのである。

イギリス軍の撤退

ギリシア軍はアナトリアから撤退したが、ヨーロッパ側のトラキアでは健在であった。また、イギリス軍を中心とする連合国軍は、イスタンブル、そしてダーダネルスおよびボスフォラスの両海峡地帯に駐屯しており、情勢は予断を許さなかった。

イギリス首相ロイド・ジョージは、ムスタファ・ケマル相手に撤退はありえない、となお意気軒高であった。かつてケマルに、ガリポリの戦いで苦杯をなめたウィンストン・チャーチルは、このとき植民地相だったが、イスタンブルに増援を派遣すべしと気炎を上げた。自尊心の強いチャーチルにとって、同じ相手に二度も土を付けられるのは許しがたいことだった。

イギリスとの非公式の折衝は不調に終わり、アンカラ軍は、海峡地帯にむけて、徐々に北上しつつあった。彼らはすでに満身創痍であり、イギリス軍との戦闘は、きわめて厳しいものになるはずだった。ケマルもそれは承知の上であり、彼らの撤退を引き出すための、瀬戸際戦術であった。

ロイド・ジョージは、海峡地帯を守るハリントン将軍にたいし、トルコ軍に即時撤退を求める最後通牒を発せよ、と命じた。しかし、ハリントンはこれを黙殺する。彼は、現場の司令官として、これ以上トルコ軍と戦う愚をよく理解していたのだった。

ケマルは、賭けに勝利した。

イギリス世論は非戦に傾いた。フランスとイタリアの働きかけもあり、連合国軍はアンカラ政府と和平を結ぶことを決定した（この一連の事件を、チャナク危機と呼ぶ）。

マルマラ海の港町ムダンヤで、休戦協定のために会議が開かれたのは、一〇月三日である。連合国の代表はイギリス、フランス、イタリアの将軍たちであり、ギリシア王国の代表は直接の参加を認められなかった。ギリシアでは、九月末に国王コンスタンディノスが玉座を追われ、失脚していたヴェニゼロスが復帰するという政変も起こっていた。

アンカラ政府の代表は、イスメトであった。ケマルの意志に忠実な、粘り強いネゴシエーターであるイスメトは、一週間以上におよぶ会議のすえ、エディルネ以東のトラキアとイスタンブルおよび両海峡地域から、ギリシアおよび連合国軍を撤退させるという成果を勝ち取る。

これは、イギリスにとって、事実上の敗北であった。ロイド・ジョージは一〇月一九日に首相を辞任し、彼を支持していたチャーチルも、翌月の選挙で議席を失う。

ムダンヤ休戦協定締結後、セーヴル条約にかわる新たな条約を締結するため、スイスのローザンヌで会議を開催することが決定された。

この会議には、アンカラ政府の代表だけではなく、イスタンブル政府の代表も招聘されることが通達された。しかし、ケマルとアンカラ政府にとって、イスタンブル政府を対等なパートナーとして認めうる段階は、すでに過ぎ去っていた。もはやアンカラ政府こそが、唯一の正統な政権なのであった。

皇帝と帝国政府の存在に、けりをつけるべき時が来ていた。

オスマン帝国の滅亡

アンカラ政府より派遣されたレフェトが、イスタンブルに到着したのは、一〇月一九日である。初期から国民闘争にかかわり、全国的な名声と人望をあわせもち、イスタンブルに人脈をもつ彼は、帝都での交渉にふさわしい、とみなされたのだった。もちろん、イスタンブル政府と皇帝にどのように対処するか、ケマルと入念な打ち合わせはすんでいたであろう。

大宰相テヴフィクの出迎えを受けたレフェトは、「出迎えに感謝します——しかし、貴君はなんの身分でここにいるのです?」と答えた。世が世なら、はるかに格上の大宰相にたいしての、この非礼である。レフェトは、イスタンブル政府にはもはや一顧だにする価値がない、ということを示したのだった。

帝国最後の大宰相アフメト・テヴフィク［オクダイ］

レフェトは二九日、皇帝ヴァフデッティンに謁見し、イスタンブル政府の閣僚たちを罷免しアンカラ政府を認めるよう要求した。四時間にわたる謁見のすえ、ヴァフデッティンが拒否すると、これをうけて三〇日、アンカラの大国民議会では、君主制（スルタン制）はすでに無効であり、宗教的なカリフの位のみが合法であるとの動議が提出された。

一一月一日、アンカラ政府のみが唯一の正統な政府であり、君主制が廃止されるという宣言が行われた。カリフ位はオスマン家に属するが、だれがカリフとなるかは議会が選ぶと定められた。四日、もはや打つ手をなくしたテヴフィク内閣は総辞職し、レフェトはすべての帝国省庁を閉鎖した。

かつてムスタファ・ケマルを辛辣に批判し攻撃した元内相アリ・ケマルが、ヌーレッティンの指示のもと拉致され、リンチに遭い殺害されたのはこのときである。ヌーレッティンの行為をアンカラ政府が認めていたかは別として、暴力による報復行為に、帝国政府の関係者は戦慄し、混乱に陥った。

廃帝ヴァフデッティンも、そのひとりだった。「祖国の裏切り者」と名指しで批判されていた彼は、身の危険を感じ、ハリントン将軍に亡命を打診した。一七日、ヴァフデッティンは、息子とわずかな供のみ連れ、イギリス軍艦「マラヤ」に乗船し、イスタンブルを離れた。彼の動向は、もちろんレフェトもつかんでいたであろうが、これを黙認した。のちにレフェトは、ハリントンに「皇帝という重荷を取り去ってくれて感謝する」と述べている。

ヴァフデッティンは、まずマルタ島に滞在した後、イスラムの聖地メッカとメディナのあるヒジャーズ地方を訪れた。カリフとして、ここで再起の可能性があると踏んだのかもしれないが、さしたる展望を得ることはできなかった。失意の彼は、イタリアのサンレモを終《つい》の棲家にさだめ、一九二六年に亡くなることになる。

君主制の廃止、イスタンブル政府の消滅、そして皇帝の亡命をもって、オスマン帝国は滅亡した。

第四章

父なるトルコ人

――1923～1938年

トルコ共和国初代大統領となり、アタテュルクの姓をえたケマル（右）と、彼を支えたイスメト首相（左）。ふたりとも、トルコ帽廃止後に推奨された、西洋風の帽子をかぶっている

一　トルコ共和国誕生

ローザンヌ講和会議

国民闘争は勝利に終わり、オスマン帝国は滅亡した。

ヴァフデッティン亡命の報が流れると、アンカラ政府はただちに、廃帝の従弟アブデュルメジトを新カリフに選出した。最年長の皇族男性として皇太子でもあったアブデュルメジトは、はやくから抵抗運動に理解を示していた。しかしケマルにとっては、オスマン家の持つ求心力は、潜在的な危険性をはらんでいた。新カリフがアンカラ政府に好意的であることは、彼がケマルのライバルたちによって祭り上げられる可能性を増したからである。

このあと、トルコ共和国が建国されるまでおよそ一年。ケマルはなお、ふたつの戦いの渦中にあった。ひとつには、連合国との外交交渉。そしてふたつには、アンカラ政府内での権力闘争である。

まずは、連合国との外交についてみていこう。

スイスのローザンヌにおける講和会議は、一九二二年一一月二〇日に開催された。連合国側として、イギリス、フランス、イタリア、そしてギリシアの代表が、トルコ側からは、もちろんイスタンブル政府代表の姿はなく、アンカラ政府の代表が参加した。交渉の重役には、ムダンヤ休戦協定時に引き続き、イスメトが任命された。

ローザンヌ会議における交渉の焦点となったのは、ふたつである。

ひとつは、北イラクに位置するモースルの帰属であった。豊富な石油を産出することで知られるモースルは、イギリスが占領していた。しかし、国民誓約によってトルコ固有の領土として宣言されていたため、アンカラ政府もこれをたやすく譲ることはできなかった。

もうひとつは列強に特権を与えていた不平等条約《カピチュレーション》の撤廃だった。オスマン帝国時代より桎梏であった不平等条約の撤廃なくして、トルコの健全な発展は不可能だった。

交渉は難航した。ケマルの意図を汲み愚直にトルコ側の主張を繰り返すイスメトに、連合国の代表たちは不満を隠さなかった。苛立っていたのは、このとき首相を務めていたラウフも同じであった。イスメトは、ラウフの頭越しにケマルと連絡を取り合い、交渉を進めていたからである。イスメトにしてみれば、ラウフの対応の鈍さに振り回されることを嫌った結果であった。

最後のカリフ、アブデュルメジト

いずれにせよ、交渉は難航し、会議は長期化した。

講和会議の結果、そしてアンカラ政府内での権力闘争を語る前に、ケマルの人生にとっての大きな転機――ラティフェとの結婚について語ろう。

フィクリエとズベイデ

イズミルでラティフェと結婚を約したのち、アンカラに戻ったケマルをチャンカヤの邸宅で待っていたのは、国民闘争のあいだケマルを支え続けてきたフィクリエと、一九二二年に入ってからアンカラにやってきた母ズベイデであった。ズベイデは、ケマルの妹マクブレとともにチャンカヤに住んだが、フィクリエとの折り合いは悪かった。

ケマルを慕い、チャンカヤでケマルの帰りを待っていたフィクリエであったが、このとき結核を病んでいた。ケマルは、療養のために彼女をミュンヘンの療養所へと送り出す。フィクリエは、ラティフェの存在を察していたようであったが、ケマルの望みに従い、ドイツへと旅立った。

ケマルは、母ズベイデの意向にも意を払わねばならなかった。ズベイデの意向を無視して、結婚することは難しかった。自分が生きているうちに、息子が結婚することを望んでいたズベイデは、ラティフェとの会見を望む。老境にあり体調を崩していた母のイズミル行きを、ケマルは思いとどまらせようとしたが、彼女の意志は固かった。

ズベイデは、副官サリフや医師の介助のもとイズミルに赴き、息子の見初めた相手と会う。

当初はラティフェにたいして批判的な評価も口にしていたズベイデであったが、ほどなくラティフェを気に入り、結婚を認めた。

一九二三年一月、新郎不在のまま、ケマルとラティフェの婚約の儀が執り行われた。息子の結婚を待ち望んでいたズベイデにとっては、感極まるものがあったろう。しかし彼女の体調は、急速に悪化し、一月一四日に死去した。地方を遊説中であったケマルは、母の死の報を受けても、そのまま当初の予定をこなした。彼がイズミルに入ったのは、一月二七日である。

ラティフェとの結婚

ケマルの結婚式に参加するため、国民闘争の将軍たちが続々とイズミル入りした。新婦の父ムアンメルは、表面上はともかく、内心では、娘がこの救国の英雄と結婚することに、不安をぬぐい切れなかった。もちろん英雄との結婚は素晴らしいことだが、それが娘の幸せにつながるとは、彼には思えなかったのだった。彼は娘に、結婚をいま一度考え直すように伝えたが、娘はこれを杞憂だとして一蹴した。ムアンメルも、これ以上水を差すことを控え、口をつぐんだのである。

結婚式は、一月二九日に執り行われた。新郎側の証人はフェヴズィとカラベキル、新婦側の証人はサリフとイズミル市長であった。これ以上ない、豪華な顔ぶれといえよう。

ケマル（右）**とラティフェ**（左）

表面上は、聖職者《ウラマー》がとりもつ伝統的な婚礼であったが、その中身は前例のないものだった。慣例では、新婦は婚礼に姿を見せず、代理人が代わりを務める。しかしラティフェは、みずから参列した。ラティフェは後日、外国人記者に、自分を「夫と一緒に婚礼の席に着いた、はじめてのトルコ人女性」であると語っている。新郎は、聖職者がささげる祈りが長すぎるとして、退屈を隠さなかった。ケマルは、自分がもう少し若ければ、ラティフェを馬に乗せて走らせ、それを自分が助けるパフォーマンスをしたのに、と冗談を飛ばした。

新婦の証人を務めたイズミル市長は、新婦に言った。

「おめでとう、貴女は、イズミルの征服者を征服したのですよ！」

式を終えた新郎新婦は、イズミルの北に位置するバルケスィルへ、ハネムーンに向かった。いまなお戦争の傷跡の残るこの一帯で、ふたりは人々の熱狂的な歓迎を受けた。ラティフェは、女性たちと積極的に語らい、ファースト・レディとしての初仕事を果たしたのである。

その後、ラティフェは、新しいトルコの象徴として、積極的に活動する。ケマルの地方遊説に同行し、外国メディアの取材を受け、女性運動に協力した。トルコではじめて国会を傍聴したトルコ人女性となり、自身も議員になることを望んだ。このときまだ女性の被選挙権はなかったから、これは実現しなかった。しかし、立候補していないにもかかわらず、選挙のさい、彼女は各地で得票したのだった。

ラティフェは、チャンカヤのケマル邸では、私的な秘書としても働いた。彼女が有能であることには疑いなく、ケマルのよき話し相手ともなった。しかし、ケマルのプライベートを管理しようとする彼女にたいして、ケマルの腹心たちは戸惑いを隠せなかったし、ケマル自身も時折いら立ちをみせた。さらに、不摂生が原因でケマルが心臓発作を起こすと（一九二三年一一月一一日）、懸念を抱いたラティフェによる私生活への介入はより深まるようになる。

ケマルの発作は国外メディアでも報じられた。もし彼が亡くなれば、「ミセス・ケマル」がトルコの指導者になるのでは、という憶測も流れた。

ケマルへの抵抗勢力——第二グループと革命の元勲たち

ケマルの婚礼という幕間をはさみつつ、アンカラ政府内での権力闘争も、大きな変化を見せていた。

権力確立を目指すケマルの、政敵といえるグループは、ふたつあった。

ひとつは、「第二グループ」である。一九二二年七月末に発足したこのグループは、閣議主催者と議会議長の分離、および総司令官法の修正を主張した。彼らが、ケマルの権力抑制を意図しているのは、明白であった。ケマルの独裁を掣肘《せいちゅう》し、議会の優位を主張するこの集団には、一説には設立当初およそ一二〇名もの議員が名を連ねた。

第二グループの中心であったアリ・シュクル議員は、機関紙において、来るべきトルコ国家の長はカリフがなるべきである、との論陣を張った。

さらに彼らは、選挙区に五年以上居住していない者には被選挙権を認めない、という法改正を提案した。これは、実質的にケマルの排除を意図したものだった。ケマルはこのときエルズルム選出議員であったが、当然のことながら当地に長期間滞在できる状況にはなかったからである。

もうひとつの勢力は、ケマルとともに初期から抵抗運動を支えた同胞たち、すなわちケマル以外の「最初の五人」を中心とした面々である。

彼らは、ケマルをリーダーとして尊重しつつも、自分たちをケマルと同格の存在であると自任していたから、ケマルが自身の子飼いの腹心を重用し、初期からの同胞を徐々に蚊帳の外に置き始めたことにたいし、不快感を隠さなかった。

とくに、彼らが「格下」とみなしていたイスメトにたいする不満は大きかった。フアトとレフェトは、イスメトの風下に立つのをよしとせず、「大攻勢」に不参加を選んだほどであった（参加した将校はすべて一階級昇進したが、両名はそれを逃した）。またラウフは、国運を左右する重要な会議にイスメトが抜擢され、首相であるみずからの頭越しにケマルとやり取りしていることに立腹していた。

ケマルにとっては、権力確立と安定した政権運営を考えると、自身と同格にちかい存在である彼らの登用は避けねばならなかった。とはいえ、軍や国民の人気が高い彼らを性急に排除するわけにはいかなかったし、この時期のケマルは、まだ彼らの助けを必要としていた。すなわち、最初に排除すべきは、第二グループであった。

トパル・オスマン事件

第二グループの排除については、まずそれを準備した怪事件を説明せねばならない。彼らのリーダー格であったアリ・シュクル議員は、一九二三年三月二六日に議会に出席したのを最後に、行方不明となった。足取りが途絶えた三日後、やはり第二グループのヒュセイン・アヴニ議員が声を上げ、アリ・シュクルの捜索が開始されると、彼の遺体が、ケマルの私邸にほど近い、チャンカヤの墓地で発見された。

さらなる調査の結果、アリ・シュクルを誘拐し殺害した下手人は、トパル・オスマンであることが発覚した。彼は、かつてケマルの私的なボディガード、そして国会議事堂の護衛を務めていたが、このころにはこうした任務を解かれ

トパル・オスマン

ていた。トルコ唯一の議会としての権威を身に付けつつあった議事堂警護は、やくざ者ではなく、より規律ある部隊に担われるようになっていたのである。事態を重く見たケマルは、オスマンを捕らえるように命じる。

追い詰められたオスマンは、手下を率いて、チャンカヤのケマル邸を逆襲した。襲撃の報を聞いたケマルたちは、女性の服装に身を包み脱出を試みるが、ラティフェは、自分は留まると主張した。囮《おとり》の役目を果たそうというのである。襲撃者も、女性には乱暴を働くまい、という目算もあっただろう。ケマルは反対したものの、彼女の決意は固かった。結局、ラティフェは軍服を着て、ひとり屋敷に残ったのだった。

結局、オスマンは官憲に追い詰められ、銃撃戦のすえ殺害される。オスマンの遺体は、国会議事堂の前にさらされた。

オスマンは、前述したように（一六〇頁）、やくざ者の頭領として頭角を現し、ケマルのために数々の汚れ仕事を引き受けた人物であった。ケマルが、アリ・シュクルの「処理」を彼にひそかに命じた、あるいは教唆したという見解も、もちろんある。

しかし、こうした陰謀論的な推測の裏付けはない。オスマンは、自分が厄介者扱いされつつあることを感じ取り、ケマルの歓心を取り戻そうとアリ・シュクルを殺害したものの、逮捕命令が出されたことで逆上したのではないだろうか。

第二グループの排除

いずれにせよ確かなのは、第二グループが直接的な暴力によってその有力メンバーを失ったことである。ケマルは、アリ・シュクル殺害が逆に第二グループを勢いづかせる可能性を憂慮し、遺体の故郷への移送を、目立たない形で行うよう命じた。

ケマルは、この事件を奇貨とし、たてつづけに自身の基盤を固める施策を打ち出す。オスマンの逮捕・殺害の翌日（四月一日）、解散総選挙が決定された。議会が収拾のつかない政争の場となっている状況を、解決するためであった。八日には、権利擁護グループを、「人民党」として改組することを発表、君主制の復活はありえないことなど九つの基本方針を定めた。

一五日、議会は、君主制廃止に疑義を呈することは祖国への反逆である、とする法律を定めた。第二グループは、その廃止に異を唱えていたから、この法律は第二グループを標的とするものだった。第二グループの議員は、これをファシズム体制であると非難したが、ケマルを支持するジャーナリスト、ユヌス・ナディは、ファシストであっても恐れることは何もない、とうそぶいた。もちろん、第二グループが提言した、議員には選挙区で五年以上の居住経験が必要であるという提案は、否決されている。

一六日に議会が解散し、続く選挙の結果、第二グループの当選者は皆無であった。第二グループは、実質的に消滅した。

ローザンヌ条約締結を記念するモニュメントとイスメト像（於エディルネ）

ケマルは、敵対者のひとつを、葬ることに成功したのだった。

ローザンヌ条約

長く続いたローザンヌ講和会議も、開催より八か月後の一九二三年七月二四日、ようやく調印をむかえた。イスメトは、ケマルよりこの時のために贈られていたペンを用いて、条約に署名した。アンタキヤやイスケンデルンなど、北アラブ地域を放棄するという犠牲は払ったものの、国民誓約で定められた国土のほとんどを確保し、不平等条約《カピチュレーション》も廃止されるという、トルコ側の主張の多くが認められた形となった。ただし懸案であったモースルの帰属は、のちの交渉に持ち越され、最終的にイギリス領となる。

ローザンヌ条約は、トルコにとって悪夢とトラウマであったセーヴル条約を塗り替えた、輝かしい勝利だと喧伝された。

しかし、このとき首相を務めていたラウフの心境は、複雑であった。彼は、かつて海相として、第一次世界大戦での敗戦を約したムドロス休戦協定を結んだ過去があった。いわば、ラウフの汚名を、イスメトが雪《そそ》いだ形になったのである。首相であるにもかかわらず、講和会議で蚊帳の外に置かれ続けた怒りもあり、ラウフは八月四日、新議会の招集直前に、首相を辞任した。代わって首相となったのは、ケマルの忠実な友人フェトヒであった。

共和国宣言

第二グループの排除、そしてローザンヌの成果をもってしても、ケマルの意に添った議会運営は、なお困難であった。カラベキルをはじめとした元勲たちが、議会で力を持っていたからである。

九月、トルコは共和国に、アンカラは首都になるだろう、というケマルの談話が報道された。これは、イスタンブルの人々を激怒させた。四世紀半にわたり帝都であったイスタンブルに多数居住していた政府や宮廷の関係者にとって、遷都は死活問題だったのである。イスタンブルの新聞は、ケマルを「ガーズィ」ではなく、「ガゾズ（甘いソーダ水のこと）閣下」と揶揄した。

このときイスタンブルには、革命の元勲たちが集結しつつあった。首相を辞任したラウフは、いまはイスタンブルに滞在していた。アドナン医師はアンカラ政府イスタンブル代表として、レフェトはトラキア軍司令官として、イスタンブルに留まっていた。コンヤの第二軍監察官に任命されたフアトも、任地に赴く前に帝都に立ち寄っている。カラベキルは、イスタンブルの第一軍監察官に任命されており、任地への途上にあった。

彼らは、具体的に反ケマルを旗印として、イスタンブルに集まったわけではない。ケマルに反感をもちつつも、明確に動きを起こす決心は付けられずにおり、反アンカラの気風の強い帝都に引き寄せられた、というところであろう。こうした彼らの反発と逡巡を見通したかのように、アンカラのケマルは、決定的な一手を打つ。

ケマルは、フェトヒに内閣総辞職を要請、フェトヒはこれを受けて一〇月二七日に総辞職した。議会は、ただちに大臣を指名しなくてはならなかったが、ケマルは、首班指名を受ける可能性のある者に、それを断るよう言い含めておいた。ケマルの意志に抗してまで首相を引き受ける気骨のある者は、このときすべてアンカラを離れていたのだった。

二八日夜、イスメトやケマレッティン［サーミ］、キャーズム［オザルプ］などの側近たちを私邸に招いたケマルは、共和国を宣言する意図を伝え、彼らの意志の統一をはかるとともに、宣言の内容を練る。

二九日、議会では、人民党の会合が開かれ、大臣指名についての相談が行われた。フェトヒに代わる首相を指名できずに進退窮まっていたところ、ケマレッティンが、人民党の党首たるケマルに相談することを「提案」した。依頼を受けて議会に赴いたケマルは、おもむろに憲法の修正を提案する。

トルコは、共和制となる。大統領が首相を任命し、首相が議員のなかから閣僚を任命、政府に強力な権限をあたえる。この修正案は、激しい議論のすえに採択された。

大統領にはムスタファ・ケマルが選出され、ケマルはイスメトを首相に任命した（外相も兼任）。フェヴズィは参謀総長、キャーズムは国防相、フェトヒは議会の議長に任命された。

こうして、一九二三年一〇月二九日、トルコ共和国が建国された。

しかし、強力な権限を手にしたとはいえ、ケマルの政敵たちはいまだイスタンブルで健在であった。また、相次ぐ戦乱で疲弊しきっていた新生トルコ共和国をどのように再生させるか、どのような理念に基づいてかたちづくるかも、喫緊の課題であった。

カリフ制の廃止

共和制の成立とともに、カリフ制の去就に注目が集まった。

カリフたるアブデュルメジトは、国民闘争に理解を示していたゆえに、反ケマル派のシンボルとなった。アブデュルメジト自身、みずからの立場に危機感を抱いていた。彼は、共和国建国にあたり、ケマルに祝電を送ったが、ケマルの返答はそっけないものであった。いまなお豪奢なドルマバフチェ宮殿に住んではいたものの、皇室予算は削減され、カリフとしての体面を維持するのも困難なありさまとなっていた。彼の財産は、いまや画材——カリフは、洋画家として名を成していた——のほか、わずかな品物だけであった。

共和国宣言直後の三〇日、イスタンブルのラウフは、新体制は国民の意思を尊重するべきであるとして、共和制の性急な導入に疑義を呈する談話を発表する。イスタンブル入りしたカラベキルをはじめ、ラウフやアドナンは一一月半ばまでに相次いでカリフに謁見し、カリフを軸として反ケマル派が団結する様相を呈した。反体制派の言論人リュトフィ・フィクリは、新聞紙上でカリフ制擁護の論陣を張り、さらに一二月五日と六日、インドのムスリムがイスメトに送ったカリフ制の存続を訴える書簡が、イスタンブルの各紙にスクープされると、トルコ世論は沸き立った。

カリフ擁護派の主張は、旧態依然とした王政復古を目指したものではない。そうではなく、彼らの提案は、議会や憲法を当然の前提としたうえで、立憲君主制というかたちをとって、カリフを国民の象徴として存続させるというものであった。これは、十分に実現可能なヴィジョンだったと考えてよい。

ケマルが世俗主義者であることは間違いなかったものの、ムスリムが大多数である国民感情を考慮すると、彼が妥協する可能性も、どこかの段階ではありえたであろう。しかし共和国を建国するにいたり、カリフ制を廃止するという彼の意図は、すでに断固たるものとなっていた。新生トルコ共和国は、イスラムをぬぐいさって世俗的な国民国家を目指すべきであり、そのためにもカリフ制廃止は欠かすことのできない一歩だった。さらに、カリフが反ケマル派の象徴となりつつある現状も、ケマルをいらだたせた。自身の権力の確立と安定は、これからの国づくりに必須の要件であったからである。

ケマルは、断固たる措置で反対派に対抗した。

アンカラ政府は、一一月八日に独立法廷の設置を決定し、これに共和国への裏切り者を処罰するための強い権限を与えた。独立法廷は、インド・ムスリムの書簡を公開した各紙の責任者を逮捕し、またリュトフィ・フィクリに五年の懲役を科した。

一二月七日には、現役軍人による議員兼任を認めないことが決定された。ケマルやイスメトも軍籍にあったが、彼らはこのころ無役であり、議員そして政治家としての行動に注力していた。そのためこの決定は、監察官という高位の軍職に就き、軍隊に人気のあるカラベキルとファアトの政治的影響力を削ぐのを目的としていた。カラベキルは後年、ケマルが自分が軍を集めてアンカラに攻めあがることを恐れていたのだ、と語っているが、さすがにこれは誇張であろう。最終的に、カラベキルとファアトは監察官を辞任し、議員に留まることを選ぶ。

こうしたなか、カラベキルらは、ケマルとの正面衝突をなおも避けようとしていた。彼らにとって許せないのは「格下」であるイスメトの専横であり、ケマルには公正な仲裁者であることを望んでいた節がある。ラウフは一一月下旬にアンカラに赴いてケマルやイスメトと面談し、すくなくとも表面上は、友好を回復させた。いまなお、彼らが断固たる対決姿勢をとれずにいたのは、ケマルにとって有利に働いた。

一九二四年の二月になると、ケマルはカリフ制の廃止に向けて、最後の準備に取り掛かる。主要各紙の言論人と面談してみずからの意図をいいふくめ、さらに軍隊の演習におもむき、将校たちの支持を確認したのである。

そして三月三日、議会はカリフ制の廃止を、圧倒的多数で決定した。反対したのはひとりだけであった。反対票を投じた議員は、君主制を廃したときカリフ制は保持されると定められていたのだから、せめて国民投票をすべきだと反論したが、無駄に終わった。

カリフの地位を奪われたアブデュルメジトは、即刻トルコを立ち去るよう命じられた。三月四日早朝、彼はわずかな供をつれてオリエント急行に乗車、祖国を離れた。最終的にパリに落ち着いた彼は、一九四四年、その生涯を終える。アブデュルメジト以外のオスマン家の人々も、国外追放となった。こうして、オスマン帝国は名実ともに消滅した。

脱イスラム化

議会では、カリフ制の廃止に引き続き、イスラムに由来するいくつもの制度が廃止された。そのひとつはイスラム学院《マドラサ》であり、この廃止にともなって、トルコの学校は近代的な教育機関に一本化された。また、イスラム法《シャリーア》に基づく法廷やイスラム長老《シェイヒュルイスラム》の地位も廃止された。いずれも、これまで長きにわたって、ムスリム社会において重要な役割を果たしてきた制度であった。イスラムは、憲法上はなお国教として定められていたが、ケマルは次々に社会の脱イスラム化といえる政策を進めてゆく。

伝統的にアラビア語で行われてきた礼拝の呼びかけ《アザーン》を、トルコ語とする。トルコ社会に根付いていたイスラム神秘主義教団《タリーカ》の修行場を閉鎖する。週休日を、イスラムの集団礼拝が推奨される金曜日から、西洋と同じ日曜日とする。ヒジュラ暦にかわって、西暦を採用する。

一日の始まりを、西洋風に、日没時から深夜零時に変更する。

なかでも民衆に大きな衝撃を与えたのは、オスマン社会に根付いていたトルコ帽《フェス》の着用を禁止し、西洋風の帽子の着用を求めた「帽子法」であった（一九二五年）。

そもそも、オスマン帝国において伝統的な頭部のための衣装は、ターバンであった。しかし一九世紀前半、帝国の近代化を推し進めたマフムト二世によって、ターバンは宗教者のみが着用することになり、官僚や軍人は、円形でひさしのない、フェルト製のトルコ帽を着用することとなったのである。すなわち、トルコ帽とは、オスマン帝国近代化の象徴であった。

ターバンに比して、軽快で機能的なトルコ帽は、その後オスマン社会に定着した。しかしケマルは、トルコの近代化を阻害するとして、これを禁止したのであった。かつて帝国近代化の象徴であったトルコ帽が、ここでは旧習の象徴となったのである。トルコ帽禁止は、人々に大きな衝撃をもたらした。ひさしのないトルコ帽は、脱帽することなく礼拝を可能にしていたから、その廃止によって、トルコ国民は生活習慣を変えることを余儀なくされたのである。しかし、反発は大きかったものの、人々の心性に新しい時代を感じさせるこの改革は、最終的には成功したといえる。

ケマルの断固とした政策の背景には、トルコ国民は迷信や宗教的反動から脱却し、科学を受け入れ「文明化」せねばならない、さもなくば国際社会においてトルコは生き残れない、という厳しい現状認識があった。

女性解放の進展

こうした文明化を目指す政策の一環として、公式の場における女性のヴェール着用は、推奨されないものとなった。イスラムでは、女性は家族以外の男性に髪を見せるべきではないと、一般に定められている。ヴェール着用の制限は、この規定に逆らうものであった。以降、トルコでは、役所や学校、メディアにおいて、女性はヴェールを外すことが求められることになる（なお一九九〇年頃より、ヴェール着用の制限は徐々に緩和され、現在では公の場でも認められるようになっている）。

女性解放の改革は、ヴェールだけではなかった。スイス民法に範をとった新民法では、一夫多妻制の廃止、離婚権や財産権の平等などが定められた。また、男性と平等なかたちでの女性参政権は一九三四年に認められており、これは欧州諸国と比しても、遅くはなかった（たとえばイギリスは一九二八年、フランスは一九四四年。なお日本は一九四六年）。一九二九年には、トルコ初のミス・コンテストが開催され、「ミス・トルコ」に選ばれた女性は、そのあとヨーロッパのコンテストでも優勝をさらった。

国家主導で進められたこうした女性解放は、大きな成果を挙げた。現在のトルコにおける女性の社会進出にも、プラスの影響を与えているといえよう。ただしそれは、近代化・西洋化という最重要課題を推進するために上から強権的に定められた、公定フェミニズムというべきものであった。女性の権利拡大が進む一方で、自発的な女性運動組織は解散させられ、体制そのものに疑義を呈することは許されなかった。

フィクリエの悲劇

ケマルが、新生トルコ共和国にとって、女性解放が必要だとみなしていたのは間違いない。しかしその一方で、ケマル個人としては、自分の意見にたいし、女性が従順に従うことを望んでいた。

その犠牲となったのは、フィクリエであった。ドイツで療養していた彼女は、ケマルが結婚した報を聞くや否や、トルコに急ぎ戻った。しかし、ケマルの依頼を受けイスタンブルで彼女を待っていたアドナン医師は、彼女がアンカラに赴くのを許さなかった。

フィクリエは、ガリポリで失意のうちに一年以上を過ごしたものの、監視の目が緩んだ隙を突いたのであろう、ついにアンカラのケマル邸を訪れた。一九二四年五月のことである。

ケマルは、フィクリエの訪問に驚いたが、ただちに彼女を追い出すようなことはしなかった。ラティフェとのあいだには緊迫した空気が流れたが、二日後、フィクリエはアンカラのホテルに移る。

悲劇が起きたのは、五月下旬であった。このとき、ケマル邸を訪れたフィクリエは、拳銃を隠し持っていた。無理心中をするためだったともいわれるが、ケマルの部下にケマルとの面会を断られた彼女は、それで自殺をはかる。知らせを聞いたケマルは、医師に全力を尽くすように命じたものの、五月三〇日、フィクリエは亡くなった。

フィクリエの事件は、ケマルの結婚生活にも影を落とした。フィクリエが亡くなったころ、ケマルはラティフェに「フィクリエ」と誤って呼びかけてしまう。これに、ラティフェは激怒した。ケマルも譲らず、寝室を分けるほどの大きな喧嘩となる。ラティフェの怒りはなかなか収まらず、父に離婚をほのめかすほどであった。彼女は、たんにフィクリエの件についてのみ気分を害したのではなかった。ケマルは、私生活への介入を嫌い、ラティフェをしだいに社交の蚊帳の外に置くようになっていた。これにたいして、日々積もっていた鬱憤が爆発したのである。

ふたりの結婚生活に入った、最初の亀裂であった。

ラティフェとの離婚

ケマルは、共和国成立前後より、しばしばトルコ国内の視察と遊説を行っていた。国内の状況をつぶさにみて回り、人々にトルコ共和国の理念を伝えるのが目的である。一九二四年の秋にも、ケマルはラティフェをともない、一か月半という長い視察の旅に出発している。ラティフェは、新しいトルコ女性の象徴として、ファースト・レディの責務を果たさねばならなかった。

しかし、長い旅のさなか、ふたりはふたたび、周囲が狼狽するほどの大喧嘩をする。アナトリア北東部、サルカムシュを訪れたさいに開かれたパーティの席で、ケマルがほかの女性と談笑するのを、ラティフェが妬んだのが理由だといわれる。そうだとしても、それはささいな契機だったろう。ふたりを分かつ根本的な問題、すなわち飲酒や交友への介入を嫌うケマルと、それに疎外感を抱くラティフェという構図は、なんら解決されていなかったからである。

数日続いたふたりの諍いは、またもやラティフェが離婚を迫るまでにエスカレートした。ケマルは、これ以上の同道は無理だと判断し、彼女をアンカラに送り返すことを決めた。このとの深刻さを悟ったラティフェは、ケマルに全面的に謝罪する。ケマルはそれを受け入れ、残りの道中は蜜月が戻ったかのようだった。危機は去ったかに見えた。

だが一九二五年七月下旬のある日、ふたりを分かつ決定的な諍いが起こった。この日、ふたりのあいだで何が言い争われたのか、つまびらかではない。ラティフェと家族ぐるみの付き合いをしていたイスメトの仲介もむなしく、激怒したケマルは、ラティフェをイズミルの両親のもとに送った。彼女は、この別居を、一時的なものだと考えていたようだ。

しかし八月一一日、正式な離婚が通知された。形式上は、ふたりの合意による離婚ということになっていたが、実際にはラティフェは同意していなかったであろう。

ラティフェは復縁を望んだが、ケマルはそれに応えず、ふたりが会うことは二度となかった。ケマルの最初で最後の結婚は、こうして二年半で終わりを告げた。

ふたりの破局の理由についてよく言及されるのが、ラティフェの妬みである。ケマルがほかの女性と交流するのを――社交以上に発展することはなかったとしても――、富豪の甘やかされた一人娘であったラティフェが我慢できなかったためだ、というのである。

ただしこれは、正鵠を得ているとはいえまい。離婚を正当化するために、彼女がスケープゴートにされているとみなすべきであろう。むしろ、次のような指摘のほうがふさわしいように思える。

ケマルとラティフェは、どちらも気位が高く、強情で、妥協を知らなかった。ふたりはとても良く似ており、それゆえに惹かれあい、衝突し、別れたのである、と。

復縁の望みがないと悟ったラティフェは、学校や大使館での職を求めようとしたものの、認められなかった。意欲も教養もあふれんばかりの彼女にとっては、才気をもてあます日々であったろう。療養を理由に、何度か国外に滞在したこともあった。そのさいは、海外メディアからのいらぬ注目を避けるため、偽名でパスポートが発券されている。

進歩主義者共和党の結成

ケマルのプライベートにおける事件と並行して、政争は最後の局面を迎えつつあった。

カラベキルらは、ケマルの権力が急速に強大化してゆく現状に危機感を強めた。一九二四年一一月一七日、このとき共和人民党――新党に対抗すべく、人民党から改称していた――を離党していたラウフ、レフェト、アドナン医師は、カラベキルを党首、ファアトを書記長として、進歩主義者共和党を旗揚げした。進歩主義者共和党に参加した議員は三二名であり、数の上では圧倒的少数にすぎなかった。しかし新党には、元外相サーミ、ケマルのかつての副官アユジュ・アリフ、統一進歩協会で活躍したカラ・ヴァースフやジャンブラトら、国民闘争を支えた錚々たるメンバーが参画していた。また、ヒュセイン・アヴニら、かつての第二グループの面々も加わっている。

ケマルを党首とする共和人民党もなお一枚岩とはいいがたい組織であったから、新しい野党の影響力は、議席数以上のものがあったといえよう。

進歩主義者共和党は、政策そのものとしては、共和人民党と大きく変わることはなかった。違いは、その政治手法にあった。彼らは、独裁を廃し、より分権的で非権威的な政権を目指したのである。

新党は、一一月二一日、首相イスメトが提案した戒厳令を否決させることで、その力を示した。イスメトは辞任し、代わってフェトヒが首相に就任した。フェトヒは、ケマルの忠実な支持者であると同時に、野党にたいしても融和的で知られていたから、彼の首相就任は、野党や、与党内の非急進派にたいする懐柔策といえた。しかし翌一九二五年の二月九日には、議会内で議員同士の乱闘から銃撃事件へと発展し、死傷者が出るという混乱を呈した。

クルド人の反乱

こうした政争が、強権的に「解決」される契機を与えた事件のひとつが、クルド人の反乱である。

クルド人とは、現在のトルコ南東部、イラク北部そしてシリア北部の山岳地帯にまたがり居住する、クルド語を母語とする人々である。歴史は古いが、部族ごとのまとまりが強く、クルド人全体としての民族的アイデンティティの覚醒は遅かった。二〇世紀にはいりクルド民族の名を掲げた組織が登場するようになったものの、ムスリムとしてのアイデンティティが先行し、オスマン帝国から独自に分離するような動きは見られなかった。

こうしたなか、一九二三年にはいると、「自由《アザディー》」を称するクルド人秘密組織が、独立を求めて活動するようになる。彼らは、必ずしもクルド人多数の支持を得ていたわけではなかったが、イスラム神秘主義のナクシュバンディー教団導師《シェイフ》、サイトが加わることで、運動は拡大した。共和国政府によるカリフ制やイスラム学院の廃止が、保守的なスンナ派クルド人層に危機感を与えていたのだった。

一九二五年二月、ディヤルバクル北部の村で住人と憲兵が衝突したことを契機に、反乱が勃発した。政府は戒厳令を発し、ケマルも断固たる対策を指示したが、首相フェトヒは流血の事態をできるだけ避けようとしていた。彼は与党内急進派の非難を浴びて辞任し、代わってふたたびイスメトが首相の座に就く。三月四日、進歩主義者共和党の反対を押し切り、治安維持法が制定され、東部およびアンカラに独立法廷が設置された（治安維持法は、じつに一九二九年三月四日まで継続する）。四月一五日、サイトは逮捕され、五月半ばまでには反乱は鎮圧された。

政府に協力したクルド人も少なくなかったが、以降のトルコ政府は、クルド人にたいし、トルコ民族主義に基づいて徹底的に同化を迫ることになる。東部へのトルコ人の移住と、逆に東部在住のクルド人の西部への移住が進められ、クルド語の姓名をもつことやクルド語の教育は禁止、クルド人とはトルコ語を忘却した「山岳トルコ人」だとみなされた。

この大反乱には、進歩主義者共和党の関与も疑われた。アンカラ独立法廷は、一九二五年四月二五日に進歩主義者共和党のイスタンブル支部を強制捜索、さしたる証拠は出なかったが、これを批判した同党の機関紙は停刊となり、編集者は逮捕される。六月三日には、進歩主義者共和党そのものが閉鎖された。

ケマル暗殺未遂事件

クルド人反乱の鎮圧と、それに引き続く進歩主義者共和党の閉鎖から約一年後、ケマルの権力掌握を決定づける契機となったのが、一九二六年六月に起こったケマル暗殺未遂事件である。

暗殺を企図したのは、かつて第二グループの中心人物であり、進歩主義者共和党にも加わっていたズィヤー・フルシトであった。彼は、以前にもアンカラでケマルの暗殺を思い立ったことがあったが、兄弟に止められていた。

彼は暗殺実行のため、三人のならず者を雇う。また、犯行後にギリシア領のキオス島へ渡るために漕ぎ手を雇い、逃走経路も確保した。

ケマルは、上述したように、アナトリア各地での視察と遊説を続けていた。暗殺者たちは、ケマルの動向を追いつつ、暗殺にふさわしい場を探していた。しかしケマルの警護は固く、暗殺の実行は何度も延期された。

最終的に、彼らは六月一四日、イズミルの中心地、ケマルが滞在する予定のホテル近くの路上で、暗殺を決行することにした。道路が狭まっており、ここを通る車は、かならず速度を落とすはずであった。そこで、ケマルを車もろとも銃と手榴弾によって亡き者とするのである。

しかし、バルケスィルに滞在していたケマルの出発は遅れ、その日のイズミル訪問はならなかった。不穏な動きを、ケマルが察知したためともいわれる。ことが露見したのではと疑った漕ぎ手は、官憲に暗殺計画を暴露した。当局はすぐにフルシトの宿泊先に踏み込み、拳銃と手榴弾を発見、彼と三人のならず者を逮捕した。

フルシトは犯意をみとめた。問題は、この犯行が、彼の単独犯なのか、あるいはより広い背後関係があるのかである。

ケマルの行動は迅速だった。アンカラの独立法廷は、カラベキルやフアトら建国の元勲をふくむ、旧進歩主義者共和党の党員をすべて逮捕し、家宅捜索を行う。イスメト首相は、逮捕者が広がりすぎるのを懸念し、いったんカラベキルを釈放させるが、ケマルの意を受けた独立法廷は、彼を再逮捕した。この事件を奇貨として、反対派を一掃しようというケマルの目的は、明白だった。

六月二六日に公判が開かれ、七月には一五名、八月には四名に、死刑判決が下された。フルシトら実行犯はもちろん、ケマルの元副官アリフ、元統一進歩協会のジャンブラト、ジャヴィト、ナーズム博士、そしてカラ・ケマル（彼は逃亡するが、発見され自決する）ら、暗殺事件にかかわっていた証拠が十分ではない者たちも含まれていた。「首謀者」とみなされたラウフは、このとき国外にいたため、欠席裁判により一〇年の禁固刑を受けた。

ラウフ以外の、カラベキルら元勲たちは、無罪となった。ケマルは、厳格すぎる法廷から彼らを救ったのは自分である、とアピールした。軍を中心に国民的人気をもつ彼らを、証拠不十分で処罰するのは、難しかったのだろう。有罪は免れたものの、これによって、彼らの政治生命は完全に絶たれた。

フアトは一九三三年、レフェトは一九三五年になって政界に復帰し、ケマルとの旧交を復すことになる。ラウフは一九三三年に恩赦を与えられ、三五年に帰国した。残るカラベキル、アドナン医師そしてハリデは、生涯ケマルと和解することはなかった。彼らがトルコ政治にふたたび姿を現すのは、ケマル死後のことである。

権力確立と「演説」

こうして、ついにケマルは、絶対的な権力を手に入れた。

イスメトを首相、フェヴズィを参謀総長と、政軍のトップに据えたうえで、レジェプ［ペケル］やレシト［ガリプ］ら、新世代のケマルの信奉者たちが、ケマル体制を支えるようになった。ケマル自身は、一九二七年七月三〇日、一九二一年に総司令官に就任して以来復帰していた軍を退役、軍から完全に離れている。

この夏には選挙が行われ、その候補者は、すべてケマルによって選ばれた。一一月、新たに開かれた国会において、ケマルは、反対者のいない議会を手に入れる。

党と政府は一体化し、実質的な議論は、議会ではなく、党会議で決定された。それとても、基本的には内閣の方針を追認、よくて微調整したにすぎない。四年に一度の選挙はあったが、候補者、すなわち当選者は党の有力者によって選ばれ、投票そのものは儀式的なものになった。

一〇月一五日に開催された共和人民党の大会において、ケマルは、独立運動とトルコ共和国の建国を総括するため、六日間、のべ三六時間におよぶ大演説を行った。

「一九一九年五月一九日、私はサムスンに上陸した」という文句で始まるこの演説は、国民闘争の経過を、みずからの軌跡と重ね合わせて詳細に語るものであった。その一方で、カラベキルら革命の元勲たちの功績はほとんど触れられず、進歩主義者共和党の関係者は、革命を阻害する者として非難の対象となった。

「演説」するケマル（中央下）

「演説《ヌトゥク》」と呼ばれる大演説の内容は、以降の共和国において幾度となく出版される。その内容は教科書にも取り込まれ、国民に教授された。数年のうちに英語、ドイツ語、フランス語にも翻訳され、各国におけるケマル・イメージの向上にも寄与した。こうして、トルコ建国が、ケマルただひとりの天才とリーダーシップによって実現されたという神話が、トルコ共和国の国史としての地位を占めるようになる。

二　国民の創成

文字改革

権力を確立し、日々の政治をイスメト首相にゆだねたケマルは、大統領として「国民の創成」という大事業に着手する。「演説」より半年後、一九二八年四月九日。議会は、憲法からイスラムについての文言を取り除くことを決定する。これによって、イスラムはついに国教の座を失った。オスマン帝国とイスラムという古い権威は、すくなくとも表面上は一掃された。世俗国家として新たなスタートを切ったトルコ共和国の国民のために、ケマルは新しい拠り所を用意する必要があった。

まず断行されたのは、トルコ語を表記するのにこれまで用いられてきたアラビア文字を、西欧で用いられるラテン・アルファベットに置き換える「文字改革」であった。

検討委員会は、文字の置き換えには五年から一五年かかるだろうと試算したが、ケマルは、三か月でなしとげるよう命じた。迅速な変化こそが、混乱を最小限に抑えうるとの判断であった。ケマルのアイデアを容《い》れつつ考案された新しい文字は、トルコ語の発音をふさわしく表記するためいくつかの特殊な文字が導入されたほかは、私たちがよく知るラテン・アルファベットと同じものである。

新アルファベットの導入にともない、その使用が義務付けられ、国民に文字を教授するための「国民学校」が全国各地に開校した。一九三六年までに、識字率は、従来の一〇パーセントから倍の二〇パーセントに増加した。

文字改革は、のちの研究者に「破滅的な成功」と評された。文字改革が成功したことにより、過去の遺産、オスマン帝国時代より残された文献を、国民が理解できなくなったからである。改革の成果とみなされる識字率の上昇にしても、文字を変えたためではなく、公教育の普及によりもたらされたものだ、という見解もある。文字改革の実際の効果をはかることは難しいが、トルコ共和国は西洋文明の一員である、という文化的イメージをつくりだしたのは間違いない。

民衆に新しい文字を教授するケマル

経済の苦境

ケマルは、文字改革にひきつづき、新たな国民文化の形成という課題に携わるが、その矢先にふたたび共和国を揺るがす事件が起こる。それは、一九二九年、ニューヨークのウォールストリートを震源とした、世界恐慌であった。

建国後、満身創痍のトルコ共和国は、少しずつ経済を回復させていた。一定の外国資本を受け入れつつ、鉄道などのインフラは国有化し、民族経済の発展に努めたのである。

しかし世界恐慌は、未成熟だったトルコ経済を直撃した。トルコ唯一の主要産品である農産物の価格は下落し、輸入品は高騰した。増税は、国民の困窮に拍車をかけた。有効な経済政策を打ち出せないでいる政府と与党に、国民の不満の矛先が向くのは避けられなかった。

厳しい社会統制がすすめられる一方で、ソ連の五か年計画を評価していたイスメトは、トルコ経済にも計画経済を導入し、成果を挙げた。イスメト主導で進められた、国家による経済の管理は、国家資本主義と呼ばれている。

自由共和党の設立と蹉跌

ケマルは、国民の不満を和らげるには、野党の存在が不可欠であると考えた。国民の不満を吸収して健全な議論を誘発し、政策を適切に修正する。それでいて、決して宗教や迷信には頼らず、ケマルの理想の実現に協力的な野党が。

彼は、このときパリ駐箚大使であった旧友フェトヒを召還し、野党の党首となるよう依頼した。フェトヒは、イスメトと争いたくはないとやんわりと断ったが、ケマルの意志は固かった。一九三〇年八月、フェトヒは自由共和党を設立する。同党には、共和人民党から一五名が移籍したほか、ケマルの旧友ヌーリや、妹マクブレも名を連ねていたから、本気のほどが分かるであろう。

同党は、国家による専売の廃止、外国資本の導入、国家による投資の縮小という、経済的自由主義を主張していた。これは、イスメトと共和人民党が採用する、国家主導の経済政策とは対立するものであり、経済への過度な国家的介入に懸念を抱いていたケマルの考えを反映していた。イスメトが推進する国家資本主義は、恐慌から回復するための一時的な措置であって、徐々に民族資本にもとづいた自由主義に移行すべきだ、とケマルは考えていたのである。

自由共和党の結党は、ケマルの予想をはるかに上回る熱狂を、人々にもたらした。フェトヒが支部を組織するためイズミルに赴くと、群衆が彼を歓迎した。熱狂のなか、共和人民党の支部が投石され、イスメトの写真が破り捨てられた。護衛が発砲して一四歳の少年が死亡すると、政府批判は激しさを増し、自由共和党の会合には一〇万人を超える人々が集まった。それほどに、一党独裁体制と経済政策への不満は高まっていたのである。

こうした状況を受け、共和人民党の機関紙ともいえる『共和国《ジュムフリエト》』紙がケマルへの公開質問状を掲載した。いわく、自由共和党はケマルの名を利用している、ケマルは旗色を鮮明にすべきだ、と。これにたいしてケマルは、自分は共和人民党の党首であるが、大統領としては不偏不党であるとの返答を行ったが、ケマルが共和人民党強硬派のコントロールに苦慮していたのはあきらかであった。

続く地方選で、自由共和党はサムスンをはじめとしたいくつかの自治体で勝利する。ささやかな成果にすぎなかったが、これに危機感を覚えた与党による攻撃は激しさを増した。ケマルは、これ以上のフェトヒへの肩入れは困難であると認めざるをえなかった。フェトヒは状況を悟り、一一月、自由共和党を解党、議員たちのほとんどは、共和人民党に復帰した。

複数政党制の導入によって、与党は野党から健全な批判をうけつつ政権を運営する、というケマルの実験は、わずか四か月で挫折した。以降のトルコは、一九四五年まで、一党独裁体制を堅持することになる。

独裁体制の強化は、政党にかぎらなかった。これまでトルコ社会で活動していたさまざまな協会が、たとえ政権に協力的であっても解体され、共和人民党のもとに編成しなおされた。たとえば、オスマン帝国時代から、トルコ民族主義者の団体として活動を続けてきた「トルコ人の炉辺」は、「人民の家」として改組された。また、女性の権利拡大を目指したトルコ女性連盟も、すでにその目的は達成されたとして解散させられている。

「六本の矢」とケマリズム

一党独裁をになう共和人民党の方針は、一九三一年五月に開催された党大会において、六つの方針たる「六本の矢」として発表された。すなわち、

君主制を否定する「共和主義」。

トルコ・ナショナリズムにもとづく「国民主義（民族主義）」。

諸階級の調和と階級闘争の否定をうたう「人民主義」。

国家主導の資本主義を目指す「国家主義（国家資本主義）」。

いわゆる政教分離を定めた「世俗主義」。

近代的な文明国家へ向かう不退転の決意を示す「革命主義」である。

これらの原則がのちに憲法にも記載されたことは、この時代に、党、政府、国家がほとんど一体化したことを示している。

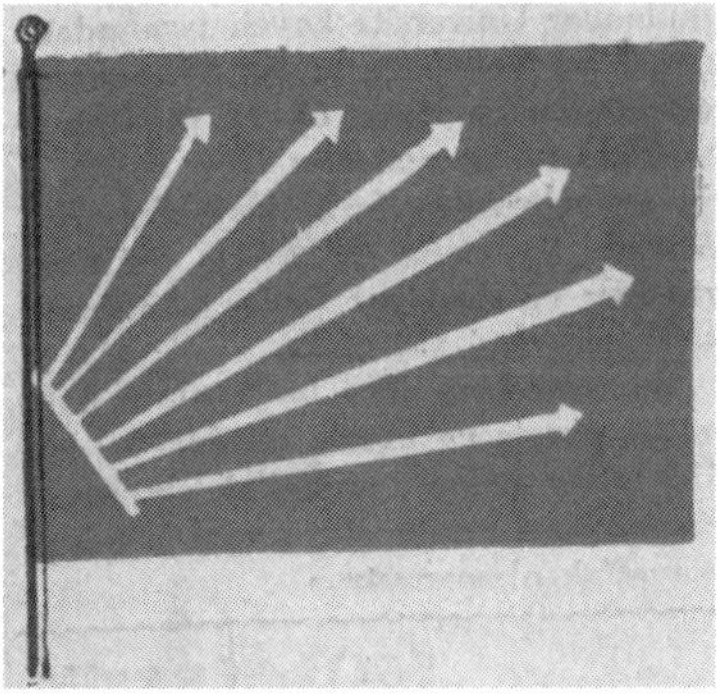

「六本の矢」を示す共和人民党の党旗

六本の矢に代表される、ケマルによって主導された一連の政策や理念は、ケマリズムと総称される（一九八〇年代以降は、「アタテュルク主義」という呼び名がより一般的となる）。

ケマリズムを明確に定義することは難しい。六本の矢にしても、ケマルのこれまでの発言にせよ、個別の状況に応じたプラグマティックな方針の表明という意味合いが強く、共産主義やナチズムのような体系的なイデオロギーとはいえないからである。そのため、意見を異にするさまざまな人々が、みずからの主義主張にひきつけてケマリズムを利用し、自分たちこそ真のケマリズムを体現するのだ、と称した。

しかし、プラグマティズム的性格が強調される一方で、六本の矢には、いずれも「国家による国民、社会、経済の統制」という共通の性格も見て取ることができる。いずれの立場からケマリズムを採用しようと、それは権威主義的性格を必然的に導くものといえた。

またケマリズムは、ケマル個人にたいする崇拝への傾向を強く有した。ケマル自身は、自身が独裁者となるのを好ましく思わず、過剰な賞賛の対象となるのを嫌っていたともいうし、実際にそのような発言もある。しかしその一方で、彼が個人崇拝を積極的には否定せず、崇拝者たちによる忖度をことさらに拒否しなかったのも確かであった。

こうした風潮のもと、「演説」をはじめとするケマルの発言の数々(なかには、信憑性が低いものもある)は、あたかも預言者ムハンマドの言行録《ハディース》のように伝えられ、さまざまな人々が、その政策や行為の正統性を補強するのに用いた。ケマルの彫像や肖像は、トルコ共和国に遍在するようになり、彼のカリスマ性と不可侵性は、トルコ共和国をまとめあげる不可欠の要として機能したのである。

公定歴史学の登場

それでは、ケマルの文化政策に戻ろう。ケマルが、トルコ国民統合の核としたのが、歴史と言語であった。

ケマルが、トルコ国民のための新しい歴史の創造に見せた意欲は、彼が残した次の言葉がよく示している。

「歴史を書くことは、歴史を創ることと同じほどに重要である。書き手が創り手に誠実でなければ、変わらぬ（はずの）真実は、人間を慄《おのの》かせるものになってしまう」

ケマルと、後述する養女アーフェト［イナン］が先導した歴史観を、公定歴史学、あるいは歴史テーゼと呼ぶ。その概要は、おおよそ次のようなものである。

「遥かな古代、中央アジアにはトルコ海と呼ばれる海が広がっていた。白人で短頭に属するトルコ人は、ここに偉大な文明を作り上げていた。しかし次第に、乾燥化によってトルコ海が縮小したため、トルコ人は四方に散らばり、世界各地に成立した諸文明の基礎を築いた。イタリアのエトルリア人、アナトリアのヒッタイト人やシュメール人、メソポタミアのアッシリア人、インドのドラヴィダ人などは、みなトルコ人である」

アーフェト［イナン］

現代の学問水準から見ると、荒唐無稽な「偽史」といってよい。しかし、トルコ国民に民族的な誇りを持たせるため、一九三〇年代のトルコでは、このテーゼが大真面目で主張され、歴史教科書をつうじて青少年たちに教授されたのである。トルコの歴史学を担うために設立されたトルコ歴史学協会は、このテーゼの擁護と普及をその最優先課題とした。

もちろん、この歴史観に反対した、良心的な歴史家もいた。その筆頭は、亡命タタール人であった、イスタンブル大学教授ゼキ・ヴェリディ［トガン］である。彼は、一九三二年に開催された第一回トルコ歴史学大会の席上、中央アジアの乾燥化について史料に基づき学問的に批判したが、テーゼを擁護する政治家や学者、そしてメディアの総攻撃にあい、大会の閉会をまたずに職を辞し、ウィーン大学へと去った。大会では、トガン以外にもやんわりとテーゼを批判した学者たちもいたが、以降彼らは口をつぐまざるをえなかった。

公定歴史学の「勝利」は動かしがたいようにみえた。しかし、ケマル晩年の一九三七年に開催された第二回トルコ歴史学大会では、テーゼと無関係な学問的研究の報告も多く、イデオロギーに囚われない歴史研究が発展していったことをうかがわせる。ケマル死後、明確に撤回されることはなかったが、テーゼはその影響力を急速に喪失してゆくことになる。

言語改革と太陽言語理論

歴史と並行し、言語改革も進められた。これを担ったのは、トルコ言語学協会である。もともとトルコ語は、歴史的なかかわりから、アラビア語やペルシア語の借用語を多く含んでいる。こうした単語が、「純粋な」トルコ語起源の単語に置き換えられていった。適切な単語がない場合は、古代トルコ語から創られた新造語も少なくなかった。

一九三五年になると、より極端な「太陽言語理論」が唱えられた。この理論は、トルコ語

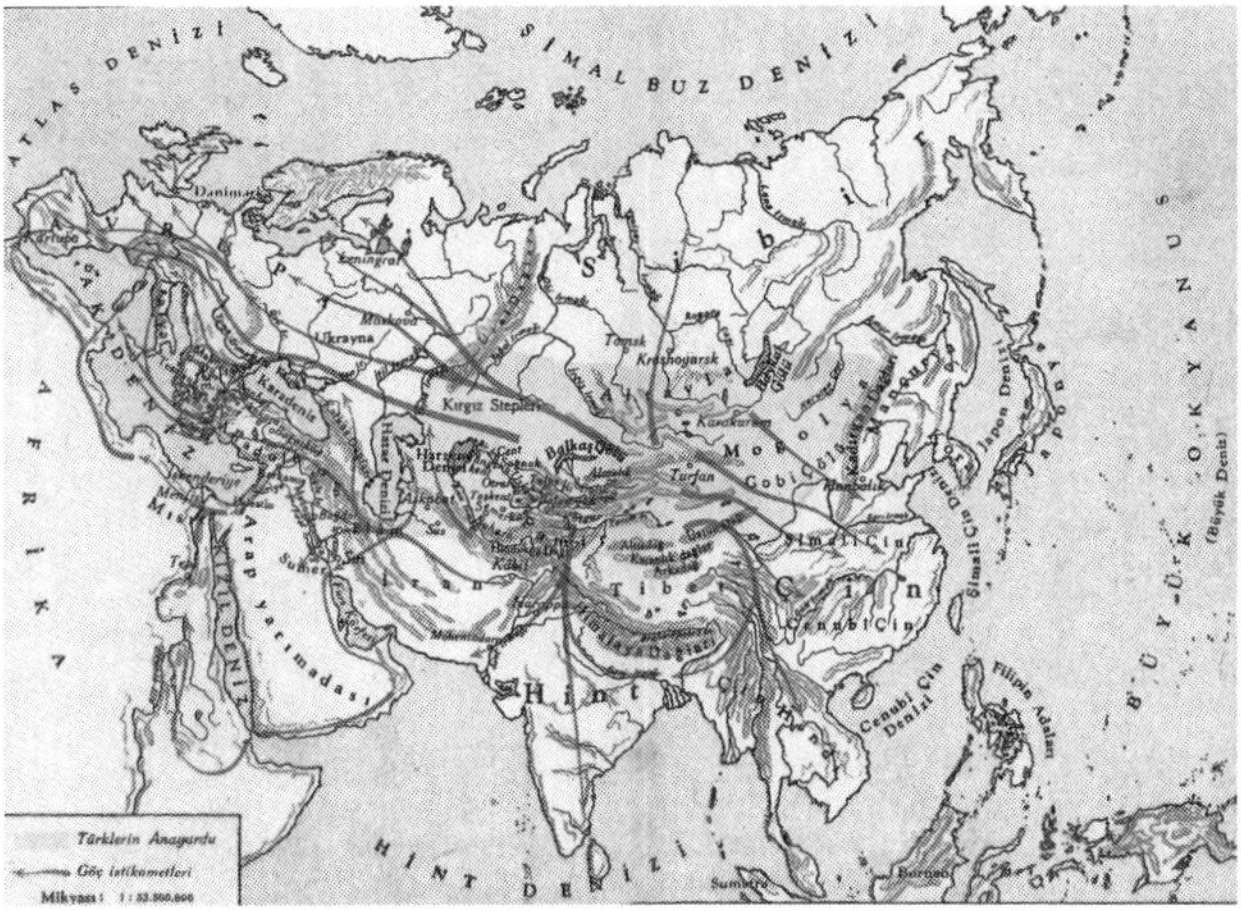

歴史テーゼを伝える歴史教科書の地図。矢印はトルコ民族の移動を示している

は世界の諸言語の祖であり、各言語の単語はトルコ語の単語をその起源とすると論じた。この理論にもとづくと、たとえば英語の「エレクトリック（電気）」は、トルコ語の「ウルク（暖かい）」という単語に由来するのであった。

ケマル自身も、アラビア語由来であるみずからの名を、「カマール」――トルコ語で「砦」を意味する――に改名している。ゆえに、彼の正式な名は「カマール・アタテュルク」である、ともいわれる。しかし、実際にはこの呼び方は定着せず、彼自身も、改名からしばらくのちにふたたび「ケマル」の名を用いるようになった。

ともあれ、歴史テーゼと同じく、ケマルの死後、太陽言語理論は実質的に放棄される。この時代に造りだされた新造語のうち、あるものは定着し、あるものは忘れ去られた。

トルコ国民とはだれか

こうした文化政策は、つまるところ、トルコ共和国はトルコ民族の国家であり、トルコ民族は偉大な民族であるという誇りをもたせるために施行されたものであった。

かつてオスマン帝国は、多民族・多宗徒の帝国であり、アナトリアにも多くのキリスト教徒が居住していた。しかし、ローザンヌ講和会議において、ギリシアとのあいだで住民交換が取り決められた。これにより、アナトリアに住むギリシア正教徒一二〇万人がギリシアに、ギリシアに住むムスリム四〇万人がアナトリアに、強制移住させられることになった。多様性を維持するのではなく、そもそも住民を入れ替えることで均質な国民を形成するという、強引とも思える政策である。また、ここで住民交換の対象となったキリスト教徒には、アナトリアに古くから住み、トルコ語を母語とするカラマン人も含まれていた。同胞として受け入れるか否かという基準のひとつは、イスラムを信仰するか否かだったのである。

住民交換後のトルコ共和国に残され、マジョリティたるムスリムのトルコ人への同化が難しかったのは、主として、ムスリムのクルド人と、ユダヤ教を信仰するユダヤ人であった。

新生トルコ共和国は、彼らをトルコ国民として、統合する必要があった。

トルコ共和国における憲法上の国籍規定は、民族のいかんを問わないものである。クルド人であっても、あるいはユダヤ人であっても、彼らは同等の権利を保持するトルコ国民となりえた。一九三三年、トルコ共和国建国一〇周年にさいしケマルが行った演説の有名な文句、「わたしはトルコ人だ、と言う者は幸いである《ネ・ムトゥル・テュルキュム・ディエネ》」は、その理念を象徴するものである。トルコ国民は、いまだ創られる途上にある。血筋はともあれ、トルコ国民にならんとする意思こそが重要なのだ、と。

この理念が真に実現されるのであれば、トルコにおいて少数民族問題は生じなかったであろう。

しかし理念はともかく実際には、クルド人やユダヤ人などのマイノリティにたいしては、トルコ人への民族的・宗教的な同化が強要された。クルド人は母語の使用が認められず、「山岳トルコ人」とみなされたことは先述した。またユダヤ人たちは、トルコ語やトルコ文化を身に着けようと尽力したものの、ユダヤ教を捨て去らない限り、トルコ社会に同胞として受け入れられることはなかった。トルコのユダヤ人は、第二次世界大戦のさい差別的に課された富裕税（二七〇頁）で致命的な打撃をうけたのち、多くがイスラエル（一九四八年建国）に移住する道を選んだ。現在は、ごく少数がトルコに残るにすぎない。

すなわち、国籍上のトルコ人の規定とは裏腹に、現実にトルコ人として認められるか否かは、トルコ語やトルコ文化を身に着けていること、そしてそれにならんでムスリムであることが重要だったのである。世俗主義を奉じ、イスラム抜きのトルコ民族アイデンティティ構築に奔走していた共和国初期ですら、ムスリムであることをトルコ人の条件にせざるをえなかった。このことは、一九五〇年代以降に進展したイスラム的価値観の復権、そして一九八〇年代における「トルコ＝イスラム総合論」の登場（二七五頁）を、すでに暗示していたといえるだろう。

姓氏法――「アタテュルク」の誕生

トルコ国民の西洋化・近代化を、帽子法や文字改革とならんで大きく象徴したのが、苗字の制定である。

このときまで、トルコ共和国の人々は、姓をもっていなかった。ムスタファ・ケマルがそうであるように、生まれついての名とあだ名を併用するのが一般的であり、みずからの由来を記す必要があるときは、両親の名と出身地が併記された。公文書においても、これで十分用が足りたのである。

しかしケマルは、西洋諸国のように、すべての国民が姓をもつべきだと考え、一九三四年六月に姓氏法が制定された。国民が姓を選ぶさいには、純粋なトルコ語の単語からなる苗字のリストが提示された。

このときケマルは、「アタテュルク」の姓を、議会から贈られた。「アタ」は父、「テュルク」はトルコ人であるから、アタテュルクとは、「父なるトルコ人」を意味する。この姓は、ケマル一代限りのものとされ、彼の妹や養子たちは、別の姓を名乗った。本書でも、以降、彼のことを「アタテュルク」と呼ぶことにしよう。

三　祖国に平和、世界に平和

外交政策

「祖国に平和、世界に平和」。アタテュルクが、トルコ共和国の外交方針として掲げたスローガンである。

国内の権力闘争に勝利したアタテュルクには、つぎに対外的な拡大政策を採る選択肢もあった。だが彼は、後述するハタイを除き、領土拡張には徹底して禁欲的であった。もし、第一次世界大戦に参戦して大敗を喫したエンヴェルが、このときアタテュルクの立場にあれば、領土的野心を抑えきれなかったであろう――そして手痛い失敗を被っていたであろう。

しかしアタテュルクは、トルコ共和国には課題が山積しており、軍事的冒険は厳に慎むべきなのを認識していた。「祖国に平和、世界に平和」の理念を堅持することは、いまのトルコにとって、生命線でもあるのだった。アタテュルクの意を受け、外相は各国を飛び回った。

まず着手すべきは、仇敵であったギリシアとの友好関係の回復であった。一九三〇年、ギリシアのヴェニゼロス首相がアンカラを訪問、翌年にはイスメト首相がアテネを訪れた。

一九三四年には、バルカン諸国とバルカン協商が締結された。この条約は、大国が参加していないこともあり有効とはいえなかったものの、オスマン帝国時代から不安定であったバルカンに、平和と安定をもたらす理想がこめられていた。アタテュルクがバルカン全体の指導者に就任するのではないか、という噂すら流れた。ヴェニゼロスは、サロニカにあるアタテュルクの育った家をトルコ共和国に寄贈するとともに、アタテュルクをノーベル平和賞に推薦すらしている。

一九三二年、イスメトは、スターリンが独裁体制を築いていたソ連を訪れ、同年、トルコ共和国は国際連盟に加入した。各国要人のトルコ訪問も相次いだ。一九二九年にはアフガニスタンのアマヌッラー国王、一九三一年には日本の高松宮とイラクのファイサル国王、一九三三年にはユーゴスラヴィアのアレクサンダル国王が訪れ、ドルマバフチェ宮殿などで歓待された。一九三六年、これまでの仇敵であったイギリスの国王エドワード八世の訪問は、こうした一連の外交儀礼のクライマックスだった。

一方、イタリアのムッソリーニとの関係は、危険をはらんでいた。ムッソリーニは、アジアやアフリカでの植民地獲得の野望を公言し、一九三五年にはエチオピアに侵攻することでその意図を証明した。イタリアが、アナトリア沿岸のドデカネス諸島を要塞化すると、トルコとの関係は緊迫化した。かつてイタリアが占領していたアンタリヤに、ふたたび侵攻してくる可能性があったからである。しかしトルコは、専守防衛に徹し、イタリアを刺激する愚を犯さなかった。

一九三三年にドイツ首相の座についていたヒトラーが、一九三六年、ラインラントに進駐すると、ヨーロッパ情勢は緊迫の度を増した。トルコはこれを利用して、関係各国とモントルー条約を締結し、ローザンヌ条約で非武装化されていたボスフォラス海峡・ダーダネルス海峡にかんする主権を回復、トルコ外交の大きな勝利となった。さらに一九三七年にはイラン、イラク、アフガニスタンと、東方の安定を確保する目的で、サーダバード条約を締結している。

ハタイ併合

全方位の平和外交を鉄則としていたアタテュルク時代のトルコにおいて、唯一の例外が、アレクサンドレッタ県である。

シリア北方の大都市アレッポにも近いこの県は、東地中海に面する港町イスケンデルン（古名アレクサンドレッタ）や歴史ある古都アンタキヤを含む地域である。トルコ系住民がおよそ半数を占めるものの、多くのアラブ系住人と、少数のアルメニア人、クルド人が居住していた。この地域は、国民誓約以来トルコ固有の領土であると主張されていたが、シリアを委任統治するフランスが手放すのを望まず、アンカラ条約においてもシリア領とされていたのである。

トルコ側はこの地を、公定歴史学でトルコ民族が建国したとされるヒッタイトの地名にちなみ、「ハタイ」と呼んだ。

一九三六年、フランスによるシリア委任統治の終了が見込まれたとき、アタテュルクは、いまこそハタイをトルコ共和国に取り戻す好機だと考え、国際連盟にたいし、同県の帰属は住民が決めるべきであるとの提案を行った。フランスは、シリアの一体性を保つかぎりこれを検討することに了承したが、アタテュルクは妥協しなかった。彼は、ハタイはトルコ人の土地であると国会で演説し、国境にトルコ軍を派遣して示威行動を行わせる。さらに自身も国境近くに移動し、ハタイ入りするそぶりをみせた(一九三八年)。無論はったりであろうが、大統領を辞して、義勇兵としてハタイ独立運動に参加するという噂も流れた。

さらにアタテュルクは、ハタイ奪還の世論を喚起するために、家族の力も借りた。トルコ空軍で訓練を受けていた養女サビハ[ギョクチェン](二五二頁)に命じ、フランス大使が食事をとるレストランの上空で、戦闘機による威嚇射撃を行わせたのである。また、妹マクブレにも、ハタイ回復のため戦うと宣言させた。

こうした状況を受け、国際連盟はハタイのシリアからの分離を認めた。一九三八年に行われた選挙では、トルコ系議員が僅差で過半数を占め、トルコ大国民議会の議員でもあったタイフル・ソクメンがハタイ大統領に就任する。最終的にハタイがトルコ共和国へ併合されるのは、アタテュルク死後の一九三九年であった。

ハタイ併合が国際的に承認されたのは、ドイツでナチス、イタリアでファシスト政権が力を強める緊迫した情勢下で、英仏が妥協したためでもあった。こうした国際情勢の風向きを察知し、ハタイ併合への道筋をつけたアタテュルクは、たしかに慧眼であった。

しかし、イスメトの眼には、アタテュルクのハタイへの執着は、緊迫化しつつある国際情勢のなかで、トルコ共和国の安全を脅かしかねない冒険的行為とうつった。イスメトは、ハタイにたいして示威行動を扇動するアタテュルクに、武力は決して用いないことを約束させた。また、東地中海の安全保障について英仏と交渉を続けていた外相にたいし、英仏の軍事行動にトルコが巻き込まれることがないよう、念を押すことも忘れなかった。アタテュルクは、これを杞憂だとみなし、不満を漏らした。

アタテュルクは、イスメトの頭越しに外相に指示を飛ばし、一方のイスメトは、アタテュルクの取り巻きがふたりのあいだを邪魔していることに、不快感を隠さなかった。

四　英雄の死

アタテュルクの生活と養女たち

権力を確立し、文化事業に邁進していた時期のアタテュルクの生活は、次のようなものであった。

昼過ぎに起床し、日に一五杯の珈琲を飲み、三箱の煙草を空にする。つまみなしで地酒ラクを一リットル近く飲み、朝まで来客や側近たちと議論や歓談をつづけ、早朝床につく。ナイトクラブにも足しげく訪れ、朝までダンスを踊り、杯を重ねる。かつてラティフェが懸念した生活習慣は、改められることはなかった。

アンカラでは、チャンカヤにある大統領官邸で執務をとったが、後述する模範農場で自然に囲まれ過ごすことも好んだ。イスタンブルでは、ドルマバフチェ宮殿を主たる滞在先としたが、夏期にはフロルヤ(かつてのアタテュルク国際空港付近)の別荘で水泳を楽しむこともあった。温泉療養地であるマルマラ海南岸のヤロヴァにも、しばしば訪れた。彼の文化政策のプランを練ったブレーンたちも、ヤロヴァのアタテュルクのもとを訪れ、議論を重ねたのである。こうした暮らしぶりを、アタテュルクは隠すことなく、むしろ積極的に国民にアピールすることを選んだ。

ラティフェとの離婚後、アタテュルクは独身をつらぬいた。ラティフェとのあいだに子はいなかった。そもそもアタテュルクは、若いころの病が理由で、子を生すことができなかった、とする説もある。

もはや再婚する気のなかったアタテュルクではあるが、子供好きだったのは間違いない。第一次世界大戦の東アナトリア戦線において、孤児たちのために尽力したこともある。アタテュルクは、男子をひとり、女子を六人、計七人の養子をとり、自邸で養った。こうしたアタテュルクのふるまいについて、彼が幼くして父を亡くしたためだと解釈する者もいる。養子たちの世話と教育のため、黒人宦官を雇っていたこともあった。

アタテュルクの養子のうちほとんどは、政治的・社会的に目立った活躍もなく、その生涯を終えている。そのなかでも例外は、前述した養女アーフェトであった。

アタテュルクとアーフェトとの出会いは、一九二五年、ラティフェと離婚した直後である。当時一七歳で、イズミルで小学校の教師を務めていた彼女は、学校主催のパーティに訪れたアタテュルクと出会う。勉学についての向上心をあらわにした彼女をアタテュルクは気に入り、留学を手助けすると同時に、養女にすることを決めた。アーフェトの父は存命であったが、これを受け入れた。

彼女は、スイスのローザンヌで、人類学者ピッタールに師事し、人種に基づいた歴史観を自己のものとする。帰国後は、イスタンブルのノートルダム・ド・シオン・フランス女学校で教鞭をとりつつ、トルコ歴史学協会の副会長を務め、公定歴史学の旗振り役となった。政治的にも、共和人民党初の女性党員となり、女性の権利拡大を象徴する存在となる。

チャンカヤの大統領官邸に住んだ彼女は、アタテュルクが遊説するさいにはつねに彼の傍らに寄り添って、彼の相談役や話し相手となり、実質的な秘書の仕事を務めた。

アーフェトは、フィクリエのように影の存在ではなく、アタテュルクの求める知的刺激を与えることができた。その一方で、ラティフェのように、アタテュルクの気分を害すること

サビハ［ギョクチェン］

は決してなかった。アタテュルクは、ここにいたり、「理想的」な私生活のパートナーを見つけたかのようであった。

アーフェトに次いで良く知られた養女は、前述したサビハである。両親を失っていた彼女を引き取ったアタテュルクは、彼女のなかに勇敢さをみて取り、航空学校に入学させる。彼女は、トルコ初の女性飛行士、世界初の女性戦闘機乗りとして活躍し、一九三七年には、クルド地域で起こった反乱鎮圧のため、爆撃に参加した。イスタンブルのアジア側にあるサビハ・ギョクチェン空港は、彼女の名を冠したものである。

もっとも若い養女であったウルキュ［アダテペ］の母は、もともとアタテュルクの母ズベイデの養女であった。一九三二年に生まれたウルキュを、アタテュルクはすぐに養女として引き取った。アタテュルクは彼女を溺愛し、遊説にも連れまわした。彼女は三度の結婚——二度目の結婚相手がユダヤ人であったことはスキャンダルとなった——ののち、二〇一二年、七九歳のとき交通事故で亡くなっている。

悲劇的な最期を遂げた養女もいた。ロンドンに留学していたゼフラ［アイリン］は、一九三五年、列車から転落し、二三歳の若さで亡くなった。自殺だったともいわれる。彼女がなぜ自死を選んだのかは、さだかではない。国父の娘にふさわしくあらねばならない、という圧力が、彼女に自死を選ばせたのだろうか。

イスメトとの決別

晩年になってもアタテュルクの私生活は改まることなく、夜通しのパーティの席上で重要な決定がなされることも少なくなかった。かと思えば翌日、命令を撤回することもあった。公私の別がつかなくなり、繰り返される朝令暮改に、イスメトは心を痛めると同時に、振り回された。このころ胆嚢の病を患っていたイスメトは、いっそう気鬱になるばかりであった。

アタテュルクとイスメトが、経済政策そしてハタイをめぐる外交政策について、隔たりをみせていたことは前述した。しかし、ふたりの仲を決定的に裂いたのは、それらにくらべて些細な、愚かしいともいえる出来事であった。

アンカラでのアタテュルクお気に入りの場所が、模範農場だった。当時、人口の八割が農業にたずさわっていた共和国において、農業を改革することは、喫緊の課題であった。そのため一九二五年、農業の近代化モデルとして、アンカラ郊外の広大な敷地に模範農場がつくられたのである。

この農園は、アタテュルクにとって、アンカラにおける別荘地のようなものであった。少年時代、サロニカ近郊の農園で過ごした日々を思い出させたのかもしれない。農園には、彼の趣味嗜好を反映して、ビール醸造所にワイン醸造所、ヨーグルトやチーズ工場に加え、鉄製品や犂《すき》の工場が設置された。この農場でつくられたワインは、国際品評会に出品されている。

もちろん、その運用費は莫大なものとなったが、国庫が負担した。農園は、当初より共和人民党に譲る予定になっていたが、その実行は引きのばされた。アタテュルクがここを国へ売却する決意をしたのは、ようやく一九三七年五月になってのことである。しかし、売却益を共和人民党が得るとしたことが、イスメトの批判を招く。これまで農園は国の援助によって拡大できたわけだから、これでは国庫にとって大きな損失となる。このころ与党と政府はほとんど一体化していたが、それでもイスメトにとっては看過しえない事態であった。

模範農場のうちビール醸造所だけは、アタテュルクの所有にとどまるとされたことも、イスメトを不快にさせた。このころトルコ共和国では、アルコール飲料の専売化が進んでいた。当時ビール生産を独占していたのは、帝国時代から続く、イスタンブルのボモンティ・ビール工場であった。スイス人兄弟によって一八九〇年に創業されたこの伝統あるビール工場は、一九三四年に国有化されていたが、一九三七年当時、その独占権をめぐり議論がおこっていた。模範農場のビール醸造所は、この機を利用し、ビール市場に参入しようとしたのである。

本来、国の財産であるべきものを私物化するアタテュルクの提案に、イスメトは反対せざるをえなかった。九月一七日、このころ、ますます短気を抑えられなくなっていたアタテュルクとの直談判に、イスメトはウィスキーをあおってから臨《のぞ》んだという。

イスメトがアタテュルクに翻意するよう伝えると、彼は、イスメトの親族がイスタンブルのビール醸造に利権をもっている、という噂を取りざたした。イスメトが、模範農場の醸造所経営を邪魔するのは、自分の利益のためだろう、というのだ。これは、イスメトを蹴落とそうとするライバルたちが流した根拠のないゴシップにすぎなかったが、イスメトは深く傷つき、非公式の歓談の場から思い付きで命令を発するアタテュルクに、苦言を呈した。アタテュルクは怒りのあまり席を立った。談判は、物別れに終わった。

結局のところ、模範農場は、ビール醸造所もふくめて、国に寄贈されることになる。そもそもアタテュルクは、蓄財には恬淡としていたし、ビール醸造所を売却しないという件にしても、農場管理者の意向が強かったようだ。そのためアタテュルクには、これらを手放すことについて、感情的なためらい以上のものはなかったのである。

模範農場をめぐる事態は、イスメトが望んだ形で決着した。しかしこれによって、懸隔が開いていたふたりの仲に、決定的な亀裂がはいったのだった。

イスメトの首相辞任

二日後、ふたりは、アンカラからイスタンブルに向かう列車の車内にあった。イスタンブルのドルマバフチェ宮殿で開催される、第二回トルコ歴史学大会に出席するためである。トルコ歴史学の精髄を国際的に披露する晴れ舞台であったが、トルコ政治をおおきく揺るがす決断は、その開催直前になされた。

アタテュルクは、自分の個室に、イスメトを呼んだ。イスメトの緊張は、いかばかりであったろうか。そこでアタテュルクは、「きみは、すこし仕事から離れたほうが良いだろう」と伝えた。イスメトも、彼の提案を素直に了承した。もはやイスメトも、しばらく距離をおく時期が来たと悟らざるをえなかったのであろう。

歴史学大会の席上、イスメトは、アタテュルクにそっと紙片を差し出した。そこには、「まだ私にお怒りですか?」と書かれていた。アタテュルクも、メモを返す。「きみに怒ることなど、ありえないよ」。「このメモを取っておいてよいですか?」と尋ねるイスメトに、アタテュルクは「すきにしたらいいさ」と伝えた。

一九三七年一一月一日に開かれた議会に、イスメトは一議員として登院し、議場の隅に座った。後任には、財相であったジェラル・バヤルが就任する。アタテュルクは、勧業銀行《イシュ・バンカス》の総裁を務めたこともあるジェラルを、経済的自由主義への移行にふさわしい人材であるとみなしていたのである。

アタテュルクによる開会の辞は、首相の交代について、言及しなかった。目立たぬよう議場の隅に座るイスメトの姿は、就任演説においてアタテュルクを賞賛するジェラルとは、陰と陽をなしていた。アタテュルクの旧友サリフ・ボゾク議員がイスメトに首相退任の理由をただすと、イスメトはアタテュルクを讃えたのち、「職務を遂行できないほど疲れたのですよ……それで休暇を望んだのです」と答えただけであった。

アタテュルク逝去

一九三七年の年末から、アタテュルクの体調は急速に悪化した。肝硬変の症状が現れ、彼は苦痛を訴えた。安静にして飲酒を控えるようにとの医師のすすめに、アタテュルクはいっときヤロヴァで療養したものの、イスタンブル、そしてアンカラで公務をこなす。一九三七年一月に、幼少時よりの友人ヌーリ・ジョンケルが死去したことも、アタテュルクの気を沈ませていた。

絶え間ない不調に、フランスから医師団が招かれたが、やはり安静にする以上の方法はなかった。一九三八年四月一三日には、イスメトが、チャンカヤの大統領官邸で静養中のアタテュルクを訪問している。

これが、ふたりの今生の別れとなった。

このころのアタテュルクの顔色は、あたかも死人のようであったという。それを押して彼は、ハタイ奪還のため、近隣のアダナまで赴くデモンストレーションを敢行している（二四八頁）。アタテュルクは、五月下旬にイスタンブルに赴く。

ここが彼の死地となる。

イスタンブルでは、ドルマバフチェ宮殿やフロルヤの邸宅で過ごした。節制の甲斐があったのか、体調が上向く日もあったが、一時的なものにすぎなかった。かつてアタテュルクとともに戦い、そして排除されたかつての戦友たち――ラウフ、フアト、そしてレフェトは、しばしばアタテュルクを見舞った。妹マクブレや養女たちも、アタテュルクを足しげく訪ねている。

八月にはいると、医師団は手術を提案し、アタテュルクはこれを了承した。手術にあたり、彼は遺書をしたためる。

動産はすべて、共和人民党に寄贈されること。そこから、養女たちへの手当て、トルコ歴史学協会と言語学協会の運営費、およびイスメトの子供のための教育費が充てられるように。アタテュルクの遺言は、イスメトへの和解の申し出だったのかもしれない。しかし、病床のアタテュルクのもとへ、アンカラのイスメトが見舞うことはなかった。

手術が終わっても、病状は回復しなかった。一一月八日、アタテュルクは、ドルマバフチェ宮殿の寝室で昏睡状態に陥る。一〇日午前九時五分、彼は息を引き取った。生年月を一八八一年五月とすれば、五七歳の生涯であった。

アタテュルクを継ぐ者

側に控えていたアタテュルクの旧友サリフは、彼の死を知り、拳銃自殺を図る。しかし、銃弾は致命傷とならず、サリフは生きながらえた。

サリフの「切腹《ハラキリ》」――アタテュルクの秘書のひとりは、そう記録している――は、重要性からいえば、ささやかなエピソードにすぎない。急務なのは、偉大な建国者を、だれが継ぐかということであった。

後継者候補のひとりは、もちろんイスメトであった。しかし、アタテュルクとの軋轢の記憶も薄れていなかったし、ジェラルを筆頭とする反イスメト派の動きも活発であった。

イスメトの対抗馬として、反イスメト派が白羽の矢を立てたのは、フェヴズィ・チャクマク元帥だった。イスメトとともに、アタテュルクを支えてきたフェヴズィは、共和国建国後は軍務に精励し、政治とかかわることはなかった。その実績と清廉さから、次期大統領となるに不足はない人選であった。病床のアタテュルクが「イスメトよりもフェヴズィが後継者にふさわしい」と述べた、という出所の怪しい噂も流れた。

第２代大統領イスメト・イノニュ（左）と首相ジェラル・バヤル（右）

しかし、当のフェヴズィが出馬することはなかった。彼は、あくまで軍人として共和国を支えることを選んだのである。

一九三八年一一月一一日、議会は満場一致で、イスメトを第二代大統領に選んだ。あまりにも偉大な初代大統領を継ぐという重責を、イスメトは担うことになる。

世界は急速に不安定となり、新たな大戦へと向かいつつあった。

国父の葬列

アタテュルクの葬儀は、宗教色を排除して行われるはずであった。しかし、葬儀を取り仕切った第一軍司令官ファフレッティンや、アタテュルクの妹マクブレの要望で、イスラムの祈禱が詠まれることになった。一般の参列者の宗教感情からいっても、妥当な選択だった。ただし儀式は、モスクではなく宮殿で行われたのが、妥協点といえた。

アタテュルク廟

防腐措置が施された遺体を納めた棺は、イスタンブルの宮廷岬《サライブルヌ》にて戦艦「ヤヴズ」に積み込まれ、マルマラ海を渡りイズミトに到着、そこから特別列車によってアンカラに移送された。一一月二〇日、アンカラに到着したアタテュルクに、イスメトは七か月ぶりに再会する。

遺体は、大国民議会第二議事堂前に安置され、市民の弔問を受けたあと、民族学博物館に安置された。正式な墓廟ができるまでの、仮の宿であった。アンカラでもあらためて公式の葬礼が執り行われ、十七か国から要人が参列している。

国父の終の棲家である「記念碑的墓廟《アヌト・カビル》」、いわゆるアタテュルク廟建設は、彼の没後まもなく計画されていたが、その完成は遅れた。着工は一九四四年、落成は一九五三年のこととなる。古代フリュギアの墳墓があったとされる丘の上、その参道にはヒッタイトの獅子像がたちならぶ。霊廟そのものは、ギリシア・ローマ風の巨大な威容を誇る。すなわちこの廟は、トルコ共和国が地中海文明の継承者であることを示しているのだった。

いまもアタテュルク廟は、国家的儀式の場にして、国民が詣でる参詣の地であり続けている。

終　章

アタテュルクの遺産

イスタンブルの中心のひとつタクスィム広場。長いあいだ広場の象徴であったアタテュルク像付近に、エルドアン大統領によってモスクが建設された

こうして、ムスタファ・ケマル、あるいはアタテュルクの生涯は終わりを迎えた。

終章ではまず、アタテュルクの人物像、すなわち彼がいかなる資質をそなえていたのかについて論ずる。それをうけて、彼亡きあとのトルコ共和国において、彼の遺産がどのように受け継がれていったのか、その足跡をたどってみたい。

一　指導者の資質

帝国主義への抵抗者

第一次世界大戦後、勝者となった欧米列強は、世界の分割支配にのりだした。アメリカ大統領ウィルソンが提唱した民族自決の原則は、東欧の諸民族にのみ限られ、アジアやアフリカはその埒外にあった。

そのようなか列強支配に異を唱え、そのプランを修正させたほぼ唯一の例が、国民闘争であり、それを率いたアタテュルクであった。アタテュルクひとりに功績のすべてが帰せられるわけではないが（二七七頁）、彼が、欧米の植民地で抵抗する人々の理想を体現する存在となったのは、間違いない。イギリスにより植民地支配を受けるインドのムスリムが、アタテュルクに期待をかけ、国民闘争に義援金を送ったのはその象徴である。

ただしアタテュルクの戦いは、あくまでトルコ共和国の範囲内に限られていた。トルコ共和国の独立を達成したのちは、国外の反植民地運動を支援することはせず、列強とはむしろ協調路線をとった。その意味で、彼を単純に「反帝国主義者」と規定することはできない。これは、彼の現実主義者としての側面を示しているといえよう。

現実主義者

アタテュルクを評する歴史家や伝記作家たちのなかで、もっとも多いのが、彼を現実主義者とするものである。

彼は、理想をもっていなかったわけではない。むしろ、明確すぎるほどのヴィジョンをもって、現状に対していたといえる。しかし、理想の実現がままならないときは、妥協することもためらわなかった。

アタテュルク晩年の側近のひとりで、伝記作家でもあるファリフ・ルフク・アタイは、アタテュルクの成功の秘密について、次のように述べている。

「第一に、時宜をまつこと。第二に、機会を逃さないこと」

国民闘争初期に、イスタンブルでの権力掌握を最後まで模索し、アナトリアへ渡った後も皇帝との接触を最後まで維持し、最終的に君主制の維持が不可能と見るや、カリフ制もふくめ、その廃止をためらわない。彼本来の思想とは相いれないはずの、共産主義やイスラム勢力との協調も行うが、それに取り込まれることはなかった。

ゆえにアタテュルクは、機会主義者――原理原則よりも、そのときの状況に応じてもっとも適切な行動をとる――でもあった。

抱いた理想――民族主義と世俗主義

彼の非凡さは、みずからの理想とするところを失わず、つねに思索を深め続けたことにも求められる。学生時代よりフランス啓蒙思想や自由主義を学び、戦場にあっても書物を手放さず、教養の涵養に努めた。トルコ民族がになう世俗主義国家を、六〇〇年続くイスラムの盟主たるオスマン帝国に代わって打ち立てる、という彼のヴィジョンは、当時の現役軍人としては異例の深みをもっていた。

しかしその一方で、ひとりの思想家としてみた場合、時代の限界も指摘できる。

アタテュルクの知的形成を研究したハーニオールが指摘するように、アタテュルクの抱いた個々の思想は、独創性のあるものではなく、当時のオスマン帝国のエリート層にも共有されていた。民族主義や世俗主義への傾倒とその性急ともいえる導入は、そうしなければトルコは国際社会において生き残れないという、社会ダーウィニズム的な思想に基づいていたが、これも当時の知識人に広く了解されていた考えであった。

また、アタテュルクの学問への関心は、あくまで自分の理念にとって有益か否かにあり、学問的な正しさは二の次であった。彼の理念に合致する説であれば、いかに荒唐無稽なものであっても、無造作に貪欲に取り入れる。その意味で彼は、学問的にも機会主義者であったといえよう。

大統領に就任したのちに精力的に推進した公定歴史学や太陽言語理論は、その最たる例である。アタテュルク自身、晩年にはその誤りを認めざるをえなくなっていたともいうが、公的な撤回は最後までなされなかった。

独裁への志向

現実主義者としての評価とは矛盾するようだが、彼を知る人々が口をそろえていうのが、彼の頑固さとリーダーシップへの強い欲求である。そしてそれは、独裁者としての志向とも容易につながりえた。

幼少期、頭を下げるのが嫌で馬跳びをしなかったという逸話は、やや出来すぎのようにも思えるが、軍人となったのち、統一進歩協会主流派との決裂をいとわず、上官であるドイツ人将校との対決をためらわない姿勢は、若きアタテュルクの輪郭を描く、太い線のひとつである。

アタテュルクが独裁者か否かについては、さまざまな見解がある。

彼が、ムッソリーニやヒトラーのような独裁者であったかといえば、否であろう。法的な権限で言えば、大統領制である現在のトルコ大統領のほうが、アタテュルクよりもよほど強い権力を持っている。あくまで議院内閣制の大統領であったアタテュルクは、首相の協力なしには、国政を円滑に進めることはできなかった。無謬《むびゅう》にみえるアタテュルクの権力は、制度ではなく、彼のカリスマと国民的支持に依拠していたといえる。

さらに、アタテュルクが一九三〇年、失敗に終わったとはいえ野党を設立したことは、彼の複数政党制への意欲を示している。これをもって、トルコ共和国では、彼を「民主主義の後見人」とみなす見方が根強い。一党独裁体制は、トルコに民主主義の下地ができるまでの方便であり、アタテュルクの真意は民主主義を根付かせることにあったのだ、というものである。

ただしこの見解は、一九八〇年代より、メテ・トゥンチャイらに批判されて久しい（二七六頁）。アタテュルクが複数政党制への意欲をもっていたのは確かだが、反対を押し切ってまでそれらの導入を貫徹しなかったことも、また確かなのである。アタテュルクへの個人崇拝にしても、彼自身は嫌っていたともいうが、みずから積極的に拒否することはしなかった。なによりも、彼のもつ、異論を許さない性格は、あらゆる人々が認めていた。晩年、彼がイエスマンで周囲を固めたことにたいする批判も少なくない。アタテュルクと彼の築いた体制が、権威主義的な性格をもっていたのを、否定することは難しいだろう。

アタテュルクは、家庭においても権威者であった。女性たちは、彼の政治的パフォーマンスの助演を求められ、彼の想定を超えたふるまいは許されなかった。その一方で彼は、血縁を政治にもちこむことからは、明確に距離を置いていた。実子がいなかったこともあろうが、養子を含めた彼の親族は、彼の存命中もその死後も、政治的に重要な役割をになうことはなかった。縁故主義のはびこる中東にあって、この点についてのアタテュルクの清廉さは、際立っているといえよう。

このようにアタテュルクは、場合によっては相矛盾する、さまざまな資質や理念をそなえた人物であった。彼は、みずからの理想とするところにしたがって、トルコにさまざまな遺産を伝えた。それは民族主義と世俗主義であり、民主主義であり、そして権威主義であった。これらは混じり合いながら、トルコの政治文化をかたちづくったのである。

二　国父亡きあと

第二次世界大戦

第二次世界大戦を迎えたトルコは、連合国と枢軸国、両陣営からの圧力を受けつつ、中立を堅持した。国境を接するギリシアがドイツに占領され、トルコ国内では親ドイツ派の動きが活発化した。それでもイスメトは、頑なまでに中立を保った。これは、さきの大戦での苦い結末をうけての現実的な政策であるとともに、「祖国に平和、世界に平和」を唱えたアタテュルクの遺産であった。

結局、トルコが参戦したのは、大戦最末期の一九四五年二月になってからであり、戦勝国として戦後体制に参画するのにぎりぎりの時期をはかってのことであった。

二度目の大戦を切り抜けたトルコ共和国であったが、払った犠牲は大きかった。緊縮財政と、中立を維持するための軍事費の増大によって、経済は疲弊の極みに陥った。危機を脱するために導入した富裕税は、わずかに残った国内の非ムスリムを狙い撃ちにする、過酷なものだった。

国内に蓄積した不満を抑えきれないと考えたイスメトは、第二次世界大戦が終わった一九四五年、複数政党制の導入を決定する。これは、アタテュルクがかつて目指したことでもあった。そして一九五〇年、イスメトのライバルであったジェラル・バヤルが党首を務める民主党が政権を奪取するにいたる。トルコ共和国史上、はじめての政権交代であった。

世俗主義の緩和

民主党が勝利した理由は、ふたつである。ひとつには、もともとバヤルが得意とし、かつてアタテュルクも期待をかけた経済的自由主義の導入である。これは、アタテュルクの遺産の継承といえよう。

しかしもうひとつは、アタテュルクが目指したものと異なることであった——世俗主義の緩和である。民主党政権は、一党独裁時代に進められた厳しい世俗政策の方針を転換し、かつて廃止された導師《イマーム》・説教師《ハティーブ》養成学校の復活をはじめとした一連の政策を打ち出した。これは、民主党が親イスラム政権であることを意味しない。あくまで、これまで極端に進められた世俗化を緩めたにすぎなかった。

しかし、その大多数が素朴な信仰を抱くムスリムであったトルコ国民は、世俗化にたいする不満を蓄積させており、民主党の政策に熱狂した。すなわち民主党の勝利は、アタテュルクの「負の遺産」がもたらしたともいえるのだった。

一九五〇年代のトルコでは、かつて否定的に語られていたオスマン帝国についての記憶も、肯定的なものへと変わっていった。トルコ国民は、オスマン帝国を「みずからの偉大な歴史」の一部として再発見する、その一歩を踏み出したのである。研究者ブロケットは、一九五〇年代こそ、トルコにおいて真の国民性が涵養された時期だとしているが、傾聴すべき点があるように思われる。

アタテュルクの神格化とそれへの疑義

イスラムやオスマンへの再評価が進んだ一方、アタテュルク崇拝が推進されたのも、一九五〇年代であった。民主党にとっては、アタテュルクの理念から逸脱しているとの批判を避けるためもあったろう。

その最たるは、一九五一年に制定され、国父への批判を公的に禁じたアタテュルク擁護法である。

現在にいたるまでトルコ共和国の言論を規制しているこの法律の制定にさいしては、このとき民主党議員であったハリデ・エディプが激しく反対している。アタテュルクの功だけではなく罪もよく知る、革命世代の彼女にとって、アタテュルクの神格化は許せないものだったろう。ハリデは、はやくも一九二八年、亡命先のイギリスで回想録を出版していたが、その内容は国父にたいする厳しい評価で満ちている。

一九六〇年代にはいると、晩年を迎えた革命世代がつぎつぎに回想録を出版した。「最初の五人」のうち、フアト、ラウフ、そしてレフェトが著した回想録において、アタテュルクへの評価はひとしく高い。もちろん、「演説《ヌトゥク》」においてその功績を抹消された彼らには、思うところがあったはずだ。しかし、絶対的な英雄としての評価を確立したアタテュルクにたいして、公に異議申し立てをするわけにはいかなかったであろう。このころ、ハリデも回想録のトルコ語訳を刊行しているが、そこでは英語版にあった批判は柔らかなものへと置き換えられている。

そのなかで、例外がカラベキルであった。カラベキルは、アタテュルク存命中の一九三三年に、すでに回想録刊行を試みている。しかし、アタテュルクの側近によって印刷所は手入れを受け、印刷済みの版本は没収された。その一部を読んだアタテュルクは、内容に激怒したという。

カラベキルの回想録が日の目を見るのは、彼が一九四八年に死去してのち、一九五一年であった。しかし一九六一年には、その内容がアタテュルク擁護法に反しているとの容疑で訴えられている。回想録の刊行が問題なしとされるのは、一九六八年をまたねばならない。

老イスメトの戦い

民主党政権は、一九五〇年代後半より権威的な手法に頼るようになり、政情は不安定化した。

混乱した政局を救うべく、軍部がクーデタをおこしたのは一九六〇年である。民主党の党首メンデレスは処刑され、いっときは安定が取り戻されるかに見えた。しかし、トルコ社会の分断は深まるばかりだった。

一九七一年には、混迷する政局と社会の混乱を受け、軍部の圧力によって、軍の意を受けた政権が成立する（直接的な武力は用いられなかったため、「書簡によるクーデタ」と呼ばれる）。

しかし一九七〇年代も、安定には程遠かった。まごうことなき親イスラム派である国民救済党を率いるエルバカンが台頭したほか、民族主義的右翼政党、そして共産主義が伸長し、七〇年代後半のトルコは、さらなる混乱と暴力が席巻した。

そのなかで、老イスメト・イノニュは、共和人民党の党首として奮闘していた。建国の英雄のひとりとして圧倒的な軍の信任を得ていた彼は、愚直にアタテュルクの理想を守るべく、クーデタ後に首相を務めるという重責も担った（任一九六一～六五）。その一方で、党内の新世代からは守旧派の代表と目され、批判の矢面に立たされる。ついに一九七二年、三三年間務めた共和人民党党首の座を、新進気鋭の若手政治家エジェヴィトに譲ることとなった。

イスメトが死去するのは、それからまもない一九七三年一二月二五日である。享年八九。いま、彼の亡骸《なきがら》は、アタテュルク廟の敷地の端に安置されている。巨大なアタテュルクの霊廟に向かって据えられた彼のささやかな墓は、彼の生涯を象徴するかのようであった。

ラティフェの死去

イスメトの死の二年後、一九七五年七月一二日。彼に並び、もっともアタテュルクに近しい――あるいは、近しくなるはずだった――ひとり、ラティフェが、七七歳でこの世を去った。彼女の葬儀は、ひっそりとしたものだった。

ラティフェは、離婚後、誹謗中傷にさらされた。しかし、彼女自身は、こうした非難に抗弁することなく、アタテュルクとの結婚生活について、一切口外しなかった。再婚しなかったのは、アタテュルクと同様である。

知識も教養も申し分なく備えていた彼女は、十分な機会さえ与えられれば、大きな社会的な役割を担うことができたはずだった。しかしその機会は生涯、与えられずに終わった。

彼女の残した文書は、トルコ歴史学協会に寄贈された。彼女とアタテュルクのあいだで交わされた膨大な私信を含むであろうこの文書は、アタテュルクその人についての第一級の史料であるにちがいない。しかし、遺族の希望によって、トルコ歴史学協会は文書を公開しない決定を下している。

アタテュルク主義の強化――一九八〇年代

こうして一九七〇年代には、イスメト、そしてラティフェと、アタテュルクを知る最後の世代が、つぎつぎと歴史のなかに去っていった。

一九八〇年、政局と社会の混乱を収束させるべく、アタテュルク主義の擁護者を自任する軍部が、みたびクーデタをおこす。しかし軍部も、もはやアタテュルク時代の世俗主義を、そのままのかたちでは適用できないことを認識していた。そのためイデオロギーの柱として、一九七〇年代より右翼知識人によって提唱されていた「トルコ＝イスラム総合論」が、公的に導入される。イスラムをトルコ民族の欠くことのできない要素とみなすこの論は、かつての世俗的なトルコ主義からのおおきな転換であった。

その一方で、あらためてアタテュルクにたいする個人崇拝も強化され、義務教育において、「トルコ共和国革命史とアタテュルク主義」という科目が必修となった。トルコ民族主義、イスラム、そしてアタテュルク崇拝という、本来相いれないはずの理念を強引にまとめたのが、この時代であった。

学問的批判の発展

アタテュルク主義の強化が進められたこの時期、学界では、まったく逆の新しい潮流が登場した。

これまで客観的な検討の対象とされず、賛美されるのみであったアタテュルクの事績を、学問的に公正なかたちで評価しようという研究が台頭してきたのである。

その嚆矢は、トルコの研究者メテ・トゥンチャイによる『トルコ共和国における一党体制の形成』(一九八一年)である。これまでトルコ国内では、アタテュルクを「民主主義の後見人」とみなし、民主的・進歩的なリーダーとして描く評価が一般的であった。それにたいしてトゥンチャイは、同時代に近隣で誕生した独裁国家(オーストリア、ハンガリー、ギリシア)とトルコを比較し、ケマリズムを権威主義的イデオロギーとして位置づけた。さらにトゥンチャイは、一九六〇年、一九七一年、一九八〇年に繰り返されたクーデタおよび軍による政権転覆を、進歩主義者共和党や自由共和党の解党と同じ位相にあると指摘、トルコ政治における権威主義はアタテュルク時代からの遺産であると批判したのである。

トゥンチャイと並んで大きな影響を与えたのが、オランダの研究者エリック・ツルヒャーによる『統一派という要素――トルコ国民運動における統一進歩協会の役割』（一九八四年）であった。ツルヒャーは、トルコ共和国の成立をオスマン帝国との連続性のなかでとらえ、トルコ共和国の成立が、アタテュルクひとりの天才によるものではなく、オスマン帝国末期からの人々の運動の成果であることを示した。

偶像化されたアタテュルクの事績を批判的に検討する彼らの著作は、以降の学問的研究の潮流をかたちづくることになる。

公正発展党政権の登場

軍部によるイスラム的価値観のコントロールは、十分な成果を挙げたとはいえなかった。一九九〇年代には、親イスラム政党である福祉党が台頭し、一九九六年には党首エルバカンが首相に就任するまでになる。その福祉党の敏腕若手政治家として頭角を現したのが、レジェプ・タイイプ・エルドアンであった。

福祉党政権は、一九九七年、軍部による圧力を受け崩壊、福祉党は解党する。しかし、民意は親イスラム政党にあった。二〇〇二年、エルドアン率いる公正発展党が単独与党の座に就く。当時エルドアンは、宗教的言動が理由で政治活動を禁止されていたために、首相にはエルドアンの同胞アブドゥッラー・ギュルが就任した。

親イスラムである同党の勝利に、世俗主義の守護者を任ずる軍部が、また介入するのではないかという憶測も流れた。しかし公正発展党政権は、当初はイスラム色を抑え、「保守的民主主義」としての立場を堅持するという路線によって、懸念をかわした。

以降の公正発展党政権は、外交のアフメト・ダヴトオール、経済のアリ・ババジャンという専門家を得て、トルコに経済発展をもたらし、長期政権を築くことになる。

公正発展党の権力強化

公正発展党の安定政権が続いていた二〇〇九年、政府転覆を計画していたとして、軍人四〇名が拘束、処分を受ける事件が起こる。さらに翌年、やはり軍部によるクーデタを計画したとして、多数の軍人が逮捕された。続く一連の政策のなかで、軍部の影響力は決定的に失墜する。

二〇一〇年代後半になると、公正発展党政権のなかにも変化がみられた。二〇一四年に大統領に就任したエルドアンに強権化の兆候が見られると、彼とともに初期の公正発展党政権をささえたギュル、ダヴトオール、ババジャンらが相次いで党から離れ、野党の側に回ったのである。

そのエルドアン大統領は、結党時の同志たちにかわって、子飼いの側近を配して権力を固め、彼らの挑戦を退けた。これは、アタテュルクの戦友であったカラベキルらが、国民闘争に勝利したあと、つぎつぎとアタテュルクに対立し、最終的に排除されたことを想起させる。二〇一七年に定められた大統領制への移行によって、いまやアタテュルクを超える権限を手にしたエルドアン大統領は、トルコ共和国建国一〇〇周年となる二〇二三年に行われた大統領選でも再選された。

トルコは、彼のリーダーシップのもと、つぎの一〇〇年を迎えることになった。

アタテュルクへの挑戦

エルドアン大統領の長期政権のもと、国父アタテュルクの評価も挑戦を受けている。そのひとつは、オスマン帝国の遺産の強調であろう。

トルコ共和国は、もともと、オスマン帝国を滅ぼして成立した国家である。そのため、共和国初期における公定歴史学では、オスマン帝国の腐敗や後進性が強調された。その後、オスマン帝国のイメージは徐々に改善されていき、エルドアン政権下においては、オスマン帝国の遺産の継承が、より強調されるようになった。

エルドアン大統領や彼の支持者たちが、オスマン帝国の皇帝たちの偉業を讃え、みずからをその後継者と位置づける例は、枚挙にいとまがない。とくに、イスタンブルを征服したメフメト二世、アラブ地域に帝国領を大きく拡大させたセリム一世、そして帝国末期にイスラム主義を推進したアブデュルハミト二世は、エルドアン大統領がみずからをなぞらえる対象である。

アヤ・ソフィア・モスクをめぐる問題は、エルドアン大統領によるパフォーマンスの最たる例である。ビザンツ帝国における正教の象徴たる聖ソフィア大聖堂は、一四五三年のイスタンブル征服以来、モスクとしてもちいられるようになった。それを世俗的な博物館へと転用したのが、ほかならぬアタテュルクであった。しかしエルドアン大統領は、二〇二〇年、博物館をモスクへと戻すことを決定、現在は礼拝の場となっている。

アタテュルクその人にたいする直接的な攻撃は、アタテュルク擁護法の存在、そしてなお国父に敬意をもつ人々が多数いることもあり、控えられている。その一方で、アタテュルク時代の政策を批判する、あるいは建国を語るにあたりアタテュルクの事績にあえて触れないかたちで、暗に彼を批判することが、ここかしこで行われている。

たとえば、ローザンヌ条約。この条約は、国民闘争の輝かしい成果として喧伝されてきた。しかし、エーゲ海の島々のほとんどがイタリアやギリシアに帰属するなど、妥協により譲らざるをえない点があったのも事実であった。こうした瑕疵《かし》は、条約締結直後にも指摘されてはいたが、いま保守派によって再発見され、批判の的となっているのであった。

ガリポリの戦いや国民闘争についての歴史叙述において、アタテュルクの存在に一切触れずに語るということも、保守派の歴史家たちによって行われている。これらの戦いの勝利が、アタテュルクひとりの英雄的行為によって達成された事績ではないのは、さきにふれたツルヒャーに代表されるように、学問的にも異論はない。しかし、アタテュルクにまったく触れずにこれらの歴史的事件を評価できるかというと、それもまた難しいことは明らかである。「アタテュルク抜き《スズ》」で建国史を語ることの是非が、トルコのメディアで議論になることも少なくない。

アタテュルクが描いたトルコ共和国の理念が、いま大きく変容しつつあるのは明らかである。建国して二世紀目に踏み出そうとしているトルコにおいて、アタテュルクの遺産は、どのように受け継がれてゆくのだろうか。

あとがき

私がアタテュルクの伝記を書こうと思い立ったのは、彼について、学問的な成果に基づいた伝記が、まだ本邦では著されていないからだった。しかし執筆にさいしては、大きな問題があった。

それはアタテュルクが、これまであらゆる視点から語られていたことだった。政治、軍事、思想、社会そのほかについて、この巨人と関連付けられていないテーマを見つけることは、ほとんど不可能といってよい。アタテュルクにかんするすべてを一書で網羅することは、もとより断念せざるをえなかった。ゆえに本書に着手するにあたって、どのような視点を選び取るか、という判断を迫られた。

私はこれまで、トルコ共和国における歴史認識と国民形成の問題に携わり、気鋭の若手研究者たちの助力を得て『トルコ共和国　国民の創成とその変容』（九州大学出版会、二〇一九年）を編むことができた。また、アタテュルクの思想について論じた記念碑的著作『文明史から見たトルコ革命』（M・シュクリュ・ハーニオール著、原著二〇一一年、邦訳二〇二〇年）も、近年素晴らしい訳書が刊行された。そのため本書では、国民形成や思想についての記述は必要最小限にとどめることとした。

かわって本書が焦点を当てたのは、アタテュルクを中心とした、人と人とのかかわりであり、時代のさまざまな局面において、彼がどのような選択を選び取ったかである。

こうした視点をとりいれた叙述は、純粋な学術論文という形では難しい。ふつう歴史研究において重視されるのは、個々の人間のふるまいではなく、政治や社会の構造だからだ。しかし本書では、一般読者を対象とする新書という性格を生かし、歴史研究者が避けがちな叙述に、敢えて踏み込むことにした。もちろん、あくまで学術的な研究成果をふまえるのは、いうまでもない。

アタテュルクは、まごうことなき英雄であった。しかし彼とて万能ではなく、彼ひとりによってその偉業がなしとげられたわけではない。彼には、彼を支えた友人たちがおり、彼と志を同じくした同志たちがおり、家族がいた。こうした人々とのかかわりのなかで彼は成長し、英雄となり、国父となった。そしてそのなかには、彼と袂を分かち、裏切り、切り捨てられた人々もいた。本書が伝えたかったのは、アタテュルクが、こうしたさまざまな人間的な関係のなかから生まれた英雄だったことである。もとより文才に乏しい身ゆえ、その意図が成功しているかどうかはこころもとないが、読者諸賢のご批判を待つ次第である。

本書の執筆をまがりなりにも終えたいま、私が今後なすべきことも、みえてきたように思う。

ひとつには、アタテュルクが残したものが、その後のトルコにおいてどのように受け継がれたのか、それを示すことである。アタテュルクがトルコにもたらそうと努めた民族主義と世俗主義は、おおきく揺れ動きつつも、いまなおこの国の輪郭をかたちづくっている。また彼は、民主主義への志向と独裁への志向をともにもっており、これも今日のトルコに深い影響をおよぼしている。つまるところこの試みは、トルコ共和国の歴史を叙述するということになるだろう。

もうひとつは、オスマン帝国とトルコ共和国に生きた人々の評伝を、書き紡ぐことである。このふたつの国が生み出した英雄は、アタテュルクだけではない。征服王メフメト二世や壮麗王スレイマン一世をはじめ、綺羅星のごとき英傑が、この国で活躍した。私はかつて、アタテュルクをふくむ一〇人の小伝（『オスマン帝国　英傑列伝』幻冬舎新書、二〇二〇年）を著したことがあるが、彼の伝記を書き上げたいま、ほかの人々についても本格的な評伝を著したい、という思いを抱いている。

本書の執筆にあたっては、さまざまな方々のお力を借りることになった。オスマン帝国近代史を専門とする秋葉淳氏（東京大学）、オスマン帝国軍事史に造詣の深い永島育氏（日本学術振興会特別研究員）からは、貴重なご助言をうけることができた。おふたりのアドバイスがなければ、本書はより瑕疵の多いものとなっていただろう。岩元恕文と松倉宏真（ともに九州大学・院）の両氏には、校正を手伝っていただいた。オスマン帝国の遊牧民を研究する岩本佳子氏（京都大学）は、トルコ各地で撮影した、アタテュルク像の貴重な写真をご提供くださった。中央公論新社の上林達也氏は、アタテュルク伝を書きたいという私の思いに賛同し、企画の立ち上げに尽力してくださった。おなじく中央公論新社の工藤尚彦氏には、原稿の細部にわたり一般読者の立場から適切なコメントをいただき、地図や人物一覧などの作成にもお世話になった。本書が書物として読者に供するにふさわしい形をとることができたのは、工藤氏のご助力の賜物である。そしてなによりも、妻の美果と息子の真秀、そして愛猫のクリには、つねに励まされた。

もちろん、本書の文責は筆者にある。誤りがないように努めたが、訂正があれば筆者のウェブサイト（https://researchmap.jp/ogasawarah）に適宜掲載するので、ご海容のうえ参照いただきたい。

二〇二三年五月の大統領選でエルドアン大統領が再選され、トルコは新たな時代を迎えた。ロシア・ウクライナ戦争や中東での紛争が続くなか、地域大国としてのトルコの重要性は、なお増しているように思える。しかし経済の苦境は続き、二〇二三年二月にアナトリア南東部を襲った大地震の傷もまだ癒えていない。これからのトルコの繁栄と、トルコに生きるすべての人々の平穏を願い、筆をおくこととしたい。

Progress in the Turkish National Movement, 1905-1926. Leiden: Brill, 1984.［本書277頁で言及した『統一派という要素』（未訳）］
Zürcher, Erik Jan. *Political Opposition in the Early Turkish Republic: The Progressive Republican Party, 1924-1925*. Leiden: Brill, 1991.
Zürcher, Erik Jan. *The Young Turk Legacy and Nation Building: From the Ottoman Empire to Atatürk's Turkey*. London: I. B. Tauris, 2010.
秋葉淳・橋本伸也編『近代・イスラームの教育社会史――オスマン帝国からの展望』昭和堂、2014年。
粕谷元編『トルコにおける議会制の展開――オスマン帝国からトルコ共和国へ』東洋文庫、2007年。［ここに収録されているオスマン帝国憲法日本語訳については、2023年に新訳が東洋文庫リポジトリにおいて公開されている：https://toyo-bunko.repo.nii.ac.jp/records/7585］
佐原徹哉『中東民族問題の起源――オスマン帝国とアルメニア人』白水社、2014年。
鈴木董『オスマン帝国の世界秩序と外交』名古屋大学出版会、2023年。
永島育『オスマン陸軍と「匪賊討伐」（1903-1908）』博士論文、早稲田大学、2022年。
藤波伸嘉『オスマン帝国と立憲政――青年トルコ革命における政治、宗教、共同体』名古屋大学出版会、2011年。

【事典（どちらも印刷版があるが、利用しやすいウェブ版のみ記した。いずれも、オスマン帝国史やトルコ共和国史研究にとって重要な事項を収録している）】
Atatürk Ansiklopedisi（アタテュルク百科事典）: https://ataturkansiklopedisi.gov.tr/
Türkiye Diyanet Vakfı İslâm Ansiklopedisi（トルコ宗教財団イスラム百科事典）: https://islamansiklopedisi.org.tr/

中心に」酒井啓子・臼杵陽編『イスラーム地域の国家とナショナリズム』東京大学出版会、2005年、239-63頁。

【世俗化、宗教との関係】

Çağaptay, Soner. *Islam, Secularism, and Nationalism in Modern Turkey: Who Is a Turk?* London: Routledge, 2006.［1930年代における宗教的アイデンティティについて論ずる。日本語の書評がある（柿﨑正樹評、『イスラム世界』第68号、2007年）］

Davison, Andrew. *Secularism and Revivalism in Turkey: A Hermeneutic Reconsideration*. New Haven: Yale University Press, 1998.

新井政美編『イスラムと近代化——共和国トルコの苦闘』講談社選書メチエ、2013年。

粕谷元編『トルコ共和国とラーイクリキ』上智大学イスラーム地域研究機構、2011年。

【フェミニズム、女性史】

Arat, Yeşim. "Nation Building and Feminism in Early Republican Turkey." In *Turkey's Engagement with Modernity: Conflict and Change in the Twentieth Century*. Celia Kerslake, Kerem Öktem, and Philip Robins eds. London: Palgrave Macmillan UK., 2010, pp.38-51.

Toprak, Zafer. *Türkiye'de Kadın Özgürlüğü ve Feminizm(1908-1935)*. Istanbul: Tarih Vakıf Yurt Yayınlar, 2015.

Zihnioğlu, Yaprak. *Kadınsız İnkılap: Nezihe Muhiddin, Kadınlar Halk Fırkası, Kadın Birliği*. Istanbul: Metis Yayınları, 2003.

宇野陽子「「国父」家族のスキャンダル——アタテュルクの養女ウルキュにみる《憧れ》とその反転」山口みどり・中野嘉子編『憧れの感情史——アジアの近代と〈新しい女性〉』作品社、2023年、225-60頁。

【エルドアン政権下のトルコ】

今井宏平『戦略的ヘッジングと安全保障の追求——2010年代以降のトルコ外交』有信堂高文社、2023年。

間寧『エルドアンが変えたトルコ——長期政権の力学』作品社、2023年。

【各論】

Tunçay, Mete. *Türkiye Cumhuriyeti'nde Tek-Parti Yönetimi'nin Kurulması(1923-1931)*. Istanbul: Yurt Yayınları, 1981.［本書276頁で言及した『トルコ共和国における一党体制の形成』（未訳）。1999年刊の第三版は、著者自身の手により増補されている］

Yıldırım, Tercan. *Tarih Ders Kitaplarında Kimlik Söylemi*. Istanbul: Yeni İnsan Yayınevi, 2017.

Zürcher, Erik Jan. *The Unionist Factor: The Rôle of the Committee of Union and*

国民闘争期の共産主義勢力についての論考をふくむ］
山内昌之『中東国際関係史研究——トルコ革命とソビエト・ロシア　1918-1923』岩波書店、2013年。［カラベキルの回顧録に依拠した研究］

【ケマリズム】
Bora, Tanıl. *Cereyanlar: Türkiye'de Siyasî İdeolojiler*. Istanbul: İletişim Yayınları, 2017.
Bora, Tanıl and Murat Gültekingil eds. *Kemalizm*. Istanbul: İletişim Yayınları, 2001.
Parla, Taha and Andrew Davison. *Corporatist Ideology in Kemalist Turkey: Progress or Order?* New York: Syracuse University Press, 2004.
Turnaoğlu, Banu. *The Formation of Turkish Republicanism*. Princeton: Princeton University Press, 2017.

【国民形成】
Bayar, Yeşim. *Formation of the Turkish Nation-State, 1920-1938*. New York: Palgrave Macmillan, 2014.
Brockett, Gavin D. *How Happy to Call Oneself a Turk: Provincial Newspapers and the Negotiation of a Muslim National Identity*. Austin: University of Texas Press, 2011.［1950年代における国民形成について論ずる。日本語の書評がある（小笠原弘幸評、『イスラム世界』第87号、2017年）］
Lewis, Geoffrey L. *The Turkish Language Reform: A Catastrophic Success*. Oxford: Oxford University Press, 2002.
Yılmaz, Hale. *Becoming Turkish: Nationalist Reforms and Cultural Negotiations in Early Republican Turkey, 1923-1945*. New York: Syracuse University Press, 2013.
岩元恕文「トルコ共和国初期のユダヤ人と「市民よ，トルコ語を話せ！」運動」『東洋学報』第105巻第１号、2023年、01-029頁。
小笠原弘幸「オスマン帝国／トルコ共和国——「われわれの世界史」の希求：万国史・イスラム史・トルコ史のはざまで」近藤孝弘編『歴史教育の比較史』名古屋大学出版会、2020年、125-76頁。
小笠原弘幸編『トルコ共和国　国民の創成とその変容——アタテュルクとエルドアンのはざまで』九州大学出版会、2019年。［収録論文のうち、とくに本書の内容に関係するのは、穐山祐子「国民創出イベントとしての文字革命」、川本智史「国父のページェント——ムスタファ・ケマルと共和国初期アンカラの儀礼空間」、沖祐太郎「トルコ共和国の境界——領域紛争と国境」］
永田雄三「トルコにおける「公定歴史学」の成立——「トルコ史テーゼ」分析の一視角」寺内威太郎ほか『植民地主義と歴史学——そのまなざしが残したもの』刀水書房、2004年、107-233頁。
濱崎友絵『トルコにおける「国民音楽」の成立』早稲田大学出版部、2013年。
山口昭彦「現代トルコの国民統合と市民権——抵抗運動期から共和国初期を

Turkey. London: I. B. Tauris, 2013.
Grassi, Fabio L. *Atatürk*. Eren Yücesan Cendey trans. Istanbul: Doğan Kitap, 2009.［原著は2008年刊、イタリア語］
Hanioğlu, M. Şükrü. *Atatürk: An Intellectual Biography*. Princeton: Princeton University Press, 2011（邦訳：M・シュクリュ・ハーニオール『文明史から見たトルコ革命――アタテュルクの知的形成』新井政美監訳・柿﨑正樹訳、みすず書房、2020年）.［アタテュルクの思想についての画期的著作。日本語版では、アタテュルクとエルドアンを比較した訳者解説も収録］
Kreiser, Klaus. *Atatürk: Bir Biyografi*. Dilek Zaptçıoğlu trans. Istanbul: İletişim Yayınları, 2010.［原著は2008年刊、ドイツ語］
Mango, Andrew. *Atatürk: The Biography of the Founder of Modern Turkey*. London: John Murray, 1999.［英語による、典拠を明示した包括的な伝記］
Toprak, Zafer. *Atatürk: Kurucu Felsefenin Evrimi*. Istanbul: Türkiye İş Bankası Kültür Yayınları, 2019.
Turan, Şerafettin. *Mustafa Kemal Atatürk: Kendine Özgü Bir Yaşam ve Kişilik*. Ankara: Bilgi Yayınevi, 2004.［トルコ語による、典拠を明示した包括的な伝記］
Türkmen, Zekeriya. *Mütarekeden Millî Mücadeleye Mustafa Kemal Paşa 1918-1919*. Istanbul: Bengi Yayınları, 2010.

【主要人物にかかわる伝記や研究】

Çalışlar, İpek. *Halide Edip: Biyografisine Sığmayan Kadın*. Istanbul: Everest Yayınları, 2010.
Çalışlar, İpek. *Latife Hanım*. Istanbul: Yapı Kredi Yayınları, 2019.［ラティフェについての詳細な伝記。初版は2006年刊。2019年版は出版社を変えての新版で、修正や加筆がなされた。英語訳もある］
Heper, Metin. *İsmet İnönü*: *The Making of a Turkish Statesman*. Leiden: Brill, 1998.
Kaya, Halit. *Refet Bele: Askerî ve Siyasi Hayatı (1881-1963)*. Istanbul: Bengi Yayınları, 2010.
Kocahanoğlu, Osman Selim. *Atatürk-Karabekir Kavgası: Kurtuluş, Kuruluş ve Sonrası*. Istanbul: Temel Yayınları, 2011.
Kocahanoğlu, Osman Selim. *Atatürk-Rauf Orbay Kavgası: Milli Mücadele ve Sonrası*. Istanbul: Temel Yayınları, 2012.
小笠原弘幸『オスマン帝国　英傑列伝――600年の歴史を支えたスルタン、芸術家、そして女性たち』幻冬舎新書、2020年。［ハリデ・エディプの伝記を収録］
小野亮介『亡命者の20世紀――書簡が語る中央アジアからトルコへの道』風響社、2015年。［トガンをはじめとした中央アジアからの亡命者たちについて詳しい］
山内昌之『神軍　緑軍　赤軍――イスラーム・ナショナリズム・社会主義』ちくま学芸文庫、1996年。［原著は1988年。チェルケス・エトヘムほか、

主要参考文献

アタテュルク関係の文献は、無数に存在する。ここでは近年の研究を中心に、ブック・ガイドの役割も兼ねて主要なものを紹介する。なかでも、本書の読者層にかんがみ、邦語と英語文献を重点的にとりあげた。なお、日本におけるアタテュルク関係の文献については、網羅的な目録である次の研究も参照されたい。

三沢伸生「日本におけるトルコ関係文献の推移（2）——ムスタファ・ケマル・アタテュルク関連文献の研究」『アジア文化研究所研究年報（東洋大学）』第54号、2020年、159-83頁。

【通史（オスマン帝国末期あるいはトルコ共和国初期を含むもの）】

Aksan, Virginia. *The Ottomans 1700-1923: An Empire Besieged*. 2nd ed. London: Routledge, 2022.［初版は2007年刊。初版は軍事史に焦点を当てていたが、第２版は増補され、より広い視点からオスマン帝国の近代史をあつかっている］

Findley, Carter Vaughn. *Turkey, Islam, Nationalism, and Modernity: A History*. New Haven: Yale University Press, 2010.

Hanioğlu, M. Şükrü. *A Brief History of the Late Ottoman Empire*. Princeton: Princeton University Press, 2008.

Zürcher, Erik Jan. *Turkey: A Modern History*. London: I. B. Tauris, 1993.［欧米でもっとも読まれているトルコ近代史］

新井政美『トルコ近現代史——イスラム国家から国民国家へ』みすず書房、2001年。［本邦において、トルコ近代史についてまず参照すべき詳細な通史］

今井宏平『トルコ現代史——オスマン帝国崩壊からエルドアンの時代まで』中公新書、2017年。

小笠原弘幸『オスマン帝国——繁栄と衰亡の600年史』中公新書、2018年。

永田雄三『トルコの歴史』（下）、刀水書房、2023年。

永田雄三編『トルコ史』山川出版社、2023年。［原著（『西アジア史』）は2002年刊だが、帝国末期（秋葉淳執筆）および現代（間寧執筆）についての章が新たに書き下ろされている］

イルテル・エルトゥールル『現代トルコの政治と経済——共和国の85年史（1923～2008）』佐原徹哉訳、世界書院、2011年。［原著は2008年刊。経済の変容について詳しい］

【アタテュルクの伝記】

Akyol, Taha. *Ama Hangi Atatürk*. Istanbul: Doğan Kitap, 2008.

Gawrych, George W. *The Young Atatürk: From Ottoman Soldier to Statesman of*

ウィンストン・チャーチル　(1874～1965) イギリスの政治家。保守党から自由党に転身し、ロイド・ジョージ内閣において海相、植民地相を務める。第2次世界大戦時には首相として、ナチス・ドイツにたいして徹底抗戦を行った。
ロイド・ジョージ　(1863～1945) イギリス首相（任1916～22)。自由党議員として閣僚を歴任。大戦では、アスキス内閣のもと軍需相、陸相を歴任。1916年、保守党と連立して首相を務める。大戦を戦い抜くが、1922年のチャナク危機への不手際で批判を受け、総辞職する。
ウッドロウ・ウィルソン　(1856～1924) アメリカ合衆国大統領（任1913～21)。第一次世界大戦末期、民族自決をふくむ「14か条の原則」を提唱。戦後には、国際連盟の設立にも尽力したが、アメリカは議会の反対により参加しなかった。
エレフテリオス・ヴェニゼロス　(1864～1936) ギリシアの政治家。1910年から1933年にかけて、断続的に首相に就任。大戦後、「大理想《メガリ・イデア》」実現に邁進しアナトリアに侵攻したが、国王派と対立して辞任した。その後首相に返り咲くものの、国内での政争のすえフランスに亡命して死去した。

図版出典一覧

185頁　撮影：岩本佳子
110頁　撮影：松倉宏真
3, 263頁　撮影：牟田海人、松本和希
22, 88, 109, 139, 147, 156, 164, 212, 260頁　著者撮影
241頁　*Ortamektep İçin Tarih*. Vol.1. Istanbul: Devlet Matbaası.
他はパブリック・ドメイン

アフメト・テヴフィク［オクダイ］（1845〜1936）
オスマン帝国最後の大宰相。クリミア・ハンの家系。外交畑を歩んだあと、外相や大宰相を歴任した。

アリ・ケマル（1867〜1922）
ジャーナリストとして頭角を現す。統一進歩協会や国民闘争を厳しく批判し、フェリト内閣では教育相や内相を務めた。国民闘争勝利後、ヌーレッティンにより殺害される。

マフムト・シェヴケト（1856〜1913）
アラブ系の軍人、政治家。青年トルコ革命時に第3軍司令官であり、反革命暴動鎮圧のさい功績を挙げる。統一進歩協会とは一定の協力関係を保ち、陸相、大宰相と歴任するが、統一進歩協会反対派に暗殺された。

欧米諸国

コルマール・フォン・デア・ゴルツ（1843〜1916）
ドイツ帝国の軍人。プロイセン貴族の出身。参謀本部や陸軍大学で勤務後、オスマン帝国に派遣される（1883〜96）。大戦勃発後、ふたたびオスマン帝国に赴きアラブ戦線で指揮、クート攻略に成功するが病死した。著作『国民皆兵論（武装せる国民）』は世界的な評価を受けた。

リーマン・フォン・ザンデルス（1855〜1929）
ドイツ帝国の軍人。ドイツでは騎兵部隊の指揮官を歴任。大戦が勃発すると、ドイツ軍事顧問団の代表としてオスマン帝国に派遣された。ガリポリ半島の戦いを指揮し、勝利を挙げる。ファルケンハインの後任として指揮をとったアラブ戦線ではイギリス軍に抗しえず潰走した。

エーリヒ・フォン・ファルケンハイン（1861〜1922）
ドイツ帝国の軍人。ドイツ軍の陸相や参謀総長を務める。1917年にはパレスティナ戦線に派遣されて「稲妻軍集団」の指揮をとるが、イギリス軍に敗北し、ザンデルスと交代した。

ヴァフデッティン　(1861〜1926)

オスマン帝国の第36代にして最後の皇帝（位1918〜22)。メフメト6世とも呼ばれる。政治の実権を皇帝に取り戻すことを望み、統一進歩協会やアンカラ政府と対立する。君主制の廃止後は亡命し、イタリアで死去した。

アブデュルメジト　(1868〜1944)

オスマン帝国滅亡後、カリフに就任（位1922〜24)。第31代皇帝アブデュルメジトと区別するため、「2世」とされることもある。国民闘争に好意的であったが、ケマルに拒絶される。カリフ制廃止にともなってヨーロッパに亡命。洋画家としても名高い。

オスマン帝国政府（イスタンブル政府）の高官

ダーマト・フェリト　(1853〜1923)

皇女と結婚したため、「女婿《ダーマト》」と呼ばれる。ヨーロッパで外交官として活動し、親英派として知られた政治家。大戦後、ヴァフデッティンに信任され、数度にわたり大宰相として内閣を組織。強硬な反統一進歩協会、反国民闘争の立場を取る。国民闘争が勝利に終わると国外追放となり、フランスに亡命した。

アフメト・イッゼト［フルガチュ］　(1864〜1937)

アルバニア系の軍人、政治家。士官学校卒業後、ドイツに派遣されゴルツの下で勤務。青年トルコ革命後は参謀総長や陸相（エンヴェルの要求によって辞任）を務める。大戦への参戦に反対し、1916年になって東アナトリア戦線の司令官（ケマルの上官）となる。敗戦後、大宰相や内相を歴任し、帝国の滅亡とともに引退。

アリ・ルザー　(1860〜1932)

軍人、政治家。バルカン戦争時、オスマン側の指揮をとった。海相、陸相そして大宰相を短期間務める。帝国の滅亡とともに引退。

アラブ戦線のクート攻略で功績を挙げる（彼の姓はこれにちなむ）。国民闘争期には、ケマルやエンヴェルのためにモスクワやベルリンで活動した。建国前に退役。

カラ・ケマル　(1875〜1926)

カラ・ヴァースフ　(1880〜1931)

休戦直前、エンヴェルによって統一進歩協会内に設立された地下組織「黒腕《カラコル》」の指揮官たち。地下ネットワークを駆使して国民闘争を支援した。当初はケマルを支持するが、協会の影響力を嫌う彼によって最終的に排除された。

イスマイル・ハック・ジャンブラト　(1880〜1926)

軍人の家に生まれ、士官学校を1899年に卒業。オスマン自由協会の創設メンバーで、ケマルらと親交を深めた。統一進歩協会解散後に再生党を結党したが、マルタ島に流刑となる。建国後は進歩主義者共和党に参加。ケマル暗殺未遂事件で罪に問われ、処刑された。

マフムト・ジェラル［バヤル］　(1883〜1986)

ミッション・スクールで教育を受け、外資系銀行に勤めた経験を持つ。統一進歩協会会員としても活動。建国後は、ケマルの信任を受け、勧業銀行総裁、財相、首相を歴任。第3代大統領（任1950〜60）。

オスマン皇族

アブデュルハミト2世　(1842〜1918)

オスマン帝国第34代皇帝（位1876〜1909）。皇子時代より有能さを示す。即位後は憲法と議会を停止して、30年におよぶ専制政治を布いた。支配を強化するため、イスラム主義として知られる一連の政策を実施、皇帝のカリフとしての地位を強調した。

レシャト　(1844〜1918)

オスマン帝国第35代皇帝（位1909〜18）。メフメト5世とも呼ばれる。立憲政に理解を示す。

マルの副官を長く務め、建国後は議員となる。ケマル逝去時に自決を試みた。妻はヌーリの妹。

メフメト・ヌーリ［ジョンケル］（1882〜1937）

ケマルの幼少からの友人（縁戚という説もある）。士官学校参謀科卒（1905年）。リビア戦争ほかでケマルのもとで戦う。建国後は議員を務めた。

統一進歩協会

「最初の５人」や「国民闘争の同志たち」のほとんどは協会会員である。ここでは、より主流派に近い人物を取り上げた。

イスマイル・エンヴェル（1881〜1922）

三頭政治をになったひとり。士官学校参謀科卒（1902年）。青年トルコ革命の英雄。バルカン戦争でエディルネを無血占領。1913年の権力奪取後は陸相に就任し、皇帝の姪ナジエと結婚。大戦時のオスマン帝国軍を指揮した。敗戦後、責を問われドイツに亡命。ソヴィエトの力を借り復権を狙うも、果たせず中央アジアにわたり、客死する。

アフメト・ジェマル（1872〜1922）

三頭政治をになったひとり。士官学校参謀科卒（1895年）。権力奪取後は海相に就任。大戦ではアラブ戦線で戦う。ケマルと親しく、しばしば彼を庇護した。敗戦後亡命するが、トビリシでアルメニア人に暗殺される。

メフメト・タラート（1874〜1921）

三頭政治をになったひとり。オスマン自由協会（のち統一進歩協会に合流）の創設メンバー。軍人ではなく、郵便局員から身を起こした。政治力と統率力を発揮し、内相、大宰相を務める。大戦におけるアルメニア人虐殺の責任者のひとりとされる。敗戦後はドイツに亡命するが、ベルリンでアルメニア人に暗殺された。

ハリル［クト］（1882〜1957）

エンヴェルの年少のおじ。士官学校参謀科卒（1904年）。大戦では、

関連人物一覧

ケマルの家族、親戚

アリ・ルザー　(1839～88、もしくは93)

ケマルの父。下級官吏を務めつつ材木取引でいっとき財を成すが、商売に失敗し病死する。

ズベイデ　(1857～1923)

ケマルの母。アリ・ルザーが死去したあと、煙草専売社の職員ラグプと再婚する。サロニカがギリシアに占領されるとイスタンブルに避難。国民闘争終盤にアンカラに赴き、大統領官邸に滞在した。

マクブレ［アタダン］　(1885～1956)

ケマルの妹。母ズベイデとともに暮らす。チャンカヤの大統領官邸に住み、「偉大な女主人《ビュユク・バヤン》」と呼ばれた。

ラティフェ［ウシャキー］　(1898～1975)

イズミルの富豪ムアンメルの娘。ヨーロッパで教育を受け、帰国後、抵抗運動に協力。イズミルを奪回したケマルと1923年に結婚するが、2年後に離婚する。離婚後は職に就くことなく、実質的な蟄居状態に置かれた。

フィクリエ　(1897～1924)

ズベイデの後夫ラグプの姪。ケマルを慕い、国民闘争のさいにはアンカラに赴き、内縁の妻としてケマルの身の回りの世話をする。ケマルがラティフェと結婚後、自殺。

アーフェト［イナン］　(1908～85)

サビハ［ギョクチェン］　(1913～2001)

ゼフラ［アイリン］　(1912～35)

ウルキュ［アダテペ］　(1932～2012)

ケマルの養女たち。

サリフ［ボゾク］　(1881～1941)

ケマルの縁戚で、幼少からの友人。士官学校参謀科卒（1905年)。ケ

アユジュ・メフメト・アリフ　(1883〜1926)

士官学校以来のケマルの友人。士官学校参謀科卒（1904年）。国民闘争ではサムスン上陸からケマルの副官を務めた。しかし、軍事的失態のため政治家に転身。進歩主義者共和党に参加後、ケマル暗殺未遂事件で罪に問われて処刑される。

サカッル・ヌーレッティン　(1873〜1932)

「顎鬚の《サカッル》」のあだ名を持つ。陸軍元帥の息子で、士官学校を1893年に卒業。国民闘争時には、アナトリア内陸部の反革命勢力の征討に尽力。国民闘争末期からケマルに不満を抱くようになり、1924年に独立候補としてブルサ市長選に出馬、共和人民党の候補を破った。

トパル・オスマン　(1883〜1923)

バルカン戦争に従軍したさい膝を負傷したため、「跛足の《トパル》」というあだ名を持つ。黒海沿岸の町ギレスンの顔役であり、私兵を率いて国民闘争に参加。ケマルや国会議事堂の護衛を務めるが、議員殺害の罪を問われ銃撃のすえ射殺された。

ベキル・サーミ［クンドゥフ］　(1867〜1933)

政治家。パリで学び、外務省で勤務。ベイルート知事のとき国民闘争に参加、代表委員会に名を連ねる。アンカラ政府外相としてモスクワやパリで交渉役を担った。ケマル暗殺未遂事件で逮捕され、のち無罪となった。

リュトフィ・ミュフィト［オズデシュ］　(1874〜1940)

士官学校時代のケマルの学友。士官学校参謀科卒（1904年）。ケマルやフアトと学内で政治活動を行ったため、彼らとともにシリアの第5軍勤務となる。シリア勤務後はイエメン等で軍務を務めた。国民闘争に参加し、建国後は議員となる。

ムスタファ・フェヴズィ［チャクマク］（1876〜1950）
士官学校参謀科卒（1898年）。大戦では、ガリポリの戦いやパレスティナ戦線に参加。休戦後は、参謀総長、第１軍監察官、陸相を歴任。1920年４月にアンカラ政府に合流、ケマルを補佐して国防相や首相を務める。1922年からは、1944年に退官するまで、参謀総長として共和国軍を統括する。ケマルに次ぐ、共和国でただふたりだけの元帥。

ハリデ・エディプ［アドヴァル］（1884〜1964）
作家。ギリシアの侵略に抗議してイスタンブルでの抗議集会を組織。1920年３月にアドナンとともにアナトリアにわたって国民闘争に参加、通信や広報に携わる。伍長（のち軍曹）として前線にも赴いた。ケマル暗殺未遂事件後は、イギリスやアメリカで暮らす。ケマル死後の1939年に帰国し、民主党政権下では議員も務めた。

アブデュルハク・アドナン［アドヴァル］（1882〜1955）
文人・官僚の家系に生まれる。ヨーロッパで学び、軍医となる。休戦後は国民闘争に参加。アンカラ政府では保健相を務める。建国後は進歩主義者共和党に参加。国外滞在中、ケマル暗殺未遂事件で罪に問われる。無罪となるがそのまま亡命し、ケマル死後まで帰国しなかった。帰国後は文化活動で成果を残す。ハリデの夫。

メフメト・ジェマル［メルスィンリ］（1875〜1941）
士官学校参謀科卒（1895年）。大戦時はアラブ戦線で、ザンデルスの指揮下で戦う。休戦後、コンヤの第２軍監察官となり国民闘争に賛同したものの、召還される。軍中央でも国民闘争と協調路線を取るが、マルタ島に流刑になった。釈放後は第２グループに参加。ケマル暗殺未遂事件で逮捕されるも、無罪となる。

チェルケス・エトヘム（1886〜1948）
チェルケス系。大戦時には、エンヴェルの特務機関に所属。国民闘争初期には、キュタヒヤを拠点に不正規兵部隊を率いて活躍、西部戦線を支える。緑軍の結成に参加。解散命令に抵抗し、正規軍に追われてギリシアに亡命。恩赦を拒否し帰国することなく、ヨルダンで客死。

協定でオスマン側代表を務めるなど、外交や政治でも手腕を発揮。国民運動でも代表委員会に参加するなど重要な役割を占めていたが、1920年、イスタンブルで逮捕され、マルタ島に流刑となる。釈放後は一時期首相を務めるが、ケマルと対立し、進歩主義者共和党に参加。出国中にケマル暗殺未遂事件の罪を問われ、10年間の禁固刑となる。1933年に許され35年に帰国。

イブラヒム・レフェト［ベレ］（1881〜1963）

サロニカ出身。士官学校卒（1898年）。軍務を経験しつつ、陸軍大学で学ぶ（1909年入学、1912年卒）。憲兵隊の総司令官も務めた。1919年には第3軍団長に任命され、ケマルとともにサムスンに上陸。アンカラ政府では西部戦線の南方司令官、内相、国防相を務める。国民闘争終結後、アンカラ政府のイスタンブル代表、トラキア軍司令官。建国後は進歩主義者共和党に参加、ケマル暗殺未遂事件で起訴されるが、無罪に。1935年に政界に復帰。

国民闘争の同志たち

アリ・フェトヒ［オクヤル］（1880〜1943）

予科士官学校からのケマルの親友。士官学校参謀科を首席卒業（1903年）。軍人から政治家に転身したが、統一進歩協会での政争に敗れ、駐ソフィア大使となる。休戦後、オスマン自由主義者民衆党を旗揚げするが、マルタ島に流刑。アンカラ帰還後、内相と首相を短期間務める。1930年には自由共和党の党首（すぐに解党）。その後は大使や法相を歴任。

ムスタファ・イスメト［イノニュ］（1884〜1973）

士官学校参謀科を首席卒業（1906年）。大戦時には、東アナトリアやシリアでケマルとともに戦う。1920年4月にアンカラに赴き、国民闘争に参加、ケマルの右腕として、参謀総長、西部戦線司令官を務める。ムダンヤ休戦協定やローザンヌ会議ではアンカラ政府代表。建国後は首相（任1923〜24、1925〜37、1961〜65）、第2代大統領（任1938〜50）。

関連人物一覧

「大戦」は第１次世界大戦（1914～18年）、「休戦」はムドロス休戦協定（1918年）、「建国」はトルコ共和国の建国（1923年）を指す。

国民闘争の「最初の５人」

ムスタファ・ケマル［アタテュルク］（1881頃～1938）

サロニカに生まれる。士官学校参謀科卒（1904年）。青年トルコ革命後は、リビア戦争やバルカン戦争に参加。大戦ではガリポリ半島で活躍、英雄として讃えられる。休戦後は帝国政府内での栄達の道を探るも、最終的にはアナトリアに渡って国民闘争の指導者となり、イギリスの支援を受けたギリシア軍に勝利。オスマン帝国を滅亡させ、トルコ共和国初代大統領に就任する（任1923～38）。国民闘争での同志たちを排除して権力を確立したあとは、トルコ国民を教導する責務に邁進した。

アリ・フアト［ジェベソイ］（1882～1968）

軍人の家系に生まれる。士官学校参謀科卒（1904年）。士官学校でケマルの親友となる。国民闘争のさいはアンカラの第20軍団長、西部戦線司令官、モスクワ駐劄大使、帰国後は大国民議会の副議長。建国後は第２軍監察官に任命されるが、辞任して進歩主義者共和党に参加。ケマル暗殺未遂事件の罪に問われるが無罪となる。1933年に政界に復帰し、無所属の議員を務める。

ムーサ・キャーズム・カラベキル（1882～1948）

軍人の家系に生まれる。家名の「カラベキル」を姓として名乗る。士官学校参謀科を首席卒業（1905年）。国民闘争では東部の司令官としてアルメニア軍を破り、東方国境を安定させケマルに並ぶ国民的支持を獲得した。建国後は第１軍監察官となるが、辞任し進歩主義者共和党の党首となる。ケマル暗殺未遂事件の罪に問われ、無罪となるが政界を引退。ケマル死後に復帰し議員を務めた。

ヒュセイン・ラウフ［オルバイ］（1881頃～1964）

海軍で軍歴を積み、バルカン戦争で国民的名声を得る。ムドロス休戦

1918	37	温泉地カールスバートで療養（7月）。帰国後、第7軍司令官にふたたび任命される（8月）。皇帝の侍従武官にも任命される（9月）。ザンデルスのあとを引き継ぎ、稲妻軍集団司令官に就任するが（10月）、ムドロス休戦協定締結にともないイスタンブルに帰還（11月）。旧友フェトヒの新党と機関紙に協力。サビハ皇女との縁談
1919	38	第9軍監察官として、サムスンに上陸（5月）。ハヴザ、アマスィヤへ移動（6月）。エルズルム到着後、軍を退役し、エルズルム会議に参加。代表委員会に就任（7月）。スィヴァス会議に参加（9月）。イスタンブル政府代表者とのアマスィヤ会談（10月）。本拠地をアンカラに移動（12月）
1920	39	アンカラで大国民議会が開催され、議長に就任（4月）。イスタンブル政府より死刑宣告をうける（5月）
1921	40	イノニュの戦い（1月、3月）。総司令官に就任、サカリヤ川の戦い（8月）でギリシア軍に勝利。元帥に任命され、ガーズィ称号を贈られる
1922	41	大攻勢（8月）で指揮をとり勝利したのち、イズミル入市（9月）。君主制を廃止、オスマン帝国を滅亡させる（11月）
1923	42	母ズベイデの死、ラティフェとの結婚（1月）。トパル・オスマン事件（3月）、第2グループの排除。人民党を組織、党首に就任（9月）。トルコ共和国初代大統領に就任（10月）
1924	43	カリフ制を廃止（3月）。フィクリエの自死（5月）
1925	44	クルド人の反乱を鎮圧（5月）。ラティフェと離婚（8月）。アーフェト、サビハを養女にとる
1926	45	ケマル暗殺未遂事件（「イズミル事件」）（6月）。事件後、反対派を一掃
1927	46	軍を退役（7月）。国民闘争の総決算として「演説」を行う（10月）
1928	47	イスラムを国教の座から排除（4月）。ラテン・アルファベットを導入
1930	49	自由共和党を組織させるが（8月）、4か月で解党
1931	50	「6本の矢」を発表（5月）。トルコ歴史学協会を設立
1932	51	トルコ言語学協会を設立。国際連盟に加入
1934	53	女性参政権の導入。バルカン協商の締結。姓氏法の制定にともない、「アタテュルク」の姓を得る（6月）
1936	55	モントルー条約の締結。ハタイ併合運動の開始（1939年併合）
1937	56	サーダバード条約の締結。模範農場の売却。イスメトを首相から罷免し、ジェラルを任命（11月）
1938	57	イスタンブルのドルマバフチェ宮殿で逝去（11月10日）

ケマル・アタテュルク略年表

西暦	年齢	出来事
1881頃	0	サロニカに生まれる
1886頃	5	学業を始める
1888または1893	10頃	父アリ死去。近郊の農園で暮らすが、まもなくサロニカに戻り高等小学校に通う
1894頃	13	サロニカの幼年学校入学（～1896）
1896	15	マナストゥルの予科士官学校入学（～1898）
1899	18	イスタンブルの陸軍士官学校入学
1902	21	陸軍士官学校参謀科に進学、少尉に任官
1904	23	参謀科の卒業試験に合格し、大尉に昇進。なお、参謀科卒業を第5軍任命時（1905年）とする史料もある。本書では便宜的に1904年とした
1905	24	シリアの第5軍に任命。ダマスカスで勤務
1906	25	秘密裏にサロニカに赴き、祖国と自由協会を組織
1907	26	マケドニアの第3軍に任命される。上級大尉に昇進
1908	27	統一進歩協会に入会。青年トルコ革命後、リビアに派遣される。帰還後、ボスニア・ヘルツェゴヴィナで任務
1909	28	反革命反乱を鎮圧するため、行動軍に参加
1910	29	フランスのピカルディで軍事演習を視察
1911	30	アルバニアの反乱鎮圧に参加。イスタンブルの参謀司令部に配属されるが、すぐにリビア戦争に参加（～1912）。少佐に昇進
1912	31	バルカン戦争に参加（～1913）
1913	32	ソフィア駐在武官（～1915）。中佐に昇進
1914	33	第1次世界大戦の勃発
1915	34	第19師団長に任命される。ガリポリの戦いで、アナファルタ軍集団司令官に就任。大佐に昇進
1916	35	第16軍団長に任命され、東アナトリア戦線に参加。准将に昇進。第2軍司令官代理を務める（のち司令官に就任）
1917	36	アラブ戦線の第7軍司令官に任命される。3か月で辞任し、イスタンブルに帰還。皇太子ヴァフデッティンとともにドイツ訪問（～1918）

小笠原弘幸（おがさわら・ひろゆき）

1974年北海道北見市生まれ．青山学院大学文学部史学科卒業．東京大学大学院人文社会系研究科博士課程単位取得退学．博士（文学）．2013年より九州大学大学院人文科学研究院イスラム文明史学講座准教授．専門はオスマン帝国史およびトルコ共和国史．

著書『イスラーム世界における王朝起源論の生成と変容』（刀水書房，2014年）
『オスマン帝国』（中公新書，2018年，樫山純三賞受賞）
『オスマン帝国英傑列伝』（幻冬舎新書，2020年）
『ハレム』（新潮選書，2022年）
編著『トルコ共和国 国民の創成とその変容』（九州大学出版会，2019年）
『論点・東洋史学』（ミネルヴァ書房，2021年）

ケマル・アタテュルク
中公新書 *2774*

2023年10月25日発行

著　者　小笠原弘幸
発行者　安部順一

本文印刷　三晃印刷
カバー印刷　大熊整美堂
製　　本　小泉製本

発行所　中央公論新社
〒100-8152
東京都千代田区大手町 1-7-1
電話　販売 03-5299-1730
　　　編集 03-5299-1830
URL https://www.chuko.co.jp/

Published by CHUOKORON-SHINSHA, INC.
Printed in Japan　ISBN978-4-12-102774-0 C1222

中公新書刊行のことば

一九六二年一一月

いまからちょうど五世紀まえ、グーテンベルクが近代印刷術を発明したとき、書物の大量生産は潜在的可能性を獲得し、いまからちょうど一世紀まえ、世界のおもな文明国で義務教育制度が採用されたとき、書物の大量需要の潜在性が形成された。この二つの潜在性がはげしく現実化したのが現代である。

いまや、書物によって視野を拡大し、変りゆく世界に豊かに対応しようとする強い要求を私たちは抑えることができない。この要求にこたえる義務を、今日の書物は背負っている。だが、その義務は、たんに専門的知識の通俗化をはかることによって果たされるものでもなく、通俗的好奇心にうったえて、いたずらに発行部数の巨大さを誇ることによって果たされるものでもない。現代を真摯に生きようとする読者に、真に知るに価いする知識だけを選びだして提供すること、これが中公新書の最大の目標である。

私たちは、知識として錯覚しているものによってしばしば動かされ、裏切られる。私たちは、作為によってあたえられた知識のうえに生きることがあまりに多く、ゆるぎない事実を通して思索することがあまりにすくない。中公新書が、その一貫した特色として自らに課すものは、この事実のみの持つ無条件の説得力を発揮させることである。現代にあらたな意味を投げかけるべく待機している過去の歴史的事実もまた、中公新書によって数多く発掘されるであろう。

中公新書は、現代を自らの眼で見つめようとする、逞しい知的な読者の活力となることを欲している。

中公新書

世界史

e1

2683 人類の起源 篠田謙一
1353 物語 中国の歴史 寺田隆信
2392 中国の論理 岡本隆司
2728 孫子―「兵法の真髄」を読む 渡邉義浩
7 宦《かん》官《がん》(改版) 三田村泰助
15 科《か》挙《きょ》 宮崎市定
12 史記 貝塚茂樹
2099 三国志 渡邉義浩
2669 古代中国の24時間 柿沼陽平
2303 殷―中国史最古の王朝 落合淳思
2396 周―理想化された古代王朝 佐藤信弥
2542 漢帝国―400年の興亡 渡邉義浩
2667 南北朝時代―五胡十六国から隋の統一まで 会田大輔
2769 隋―「流星王朝」の光芒 平田陽一郎
2742 唐―東ユーラシアの大帝国 森部豊

1812 西《せい》太《たい》后《こう》 加藤徹
2030 上海 榎本泰子
1144 台湾 伊藤潔
2581 台湾の歴史と文化 大東和重
925 物語 韓国史 金両基
2748 物語 チベットの歴史 石濱裕美子
1367 物語 フィリピンの歴史 鈴木静夫
1372 物語 ヴェトナムの歴史 小倉貞男
2208 物語 シンガポールの歴史 岩崎育夫
1913 物語 タイの歴史 柿崎一郎
2249 物語 ビルマの歴史 根本敬
1551 海の帝国 白石隆
2518 オスマン帝国 小笠原弘幸
2323 文明の誕生 小林登志子
2727 古代オリエント全史 小林登志子
2523 古代オリエントの神々 小林登志子
1818 シュメル―人類最古の文明 小林登志子

1977 シュメル神話の世界 岡田明子 小林登志子
2613 古代メソポタミア全史 小林登志子
2661 アケメネス朝ペルシア―史上初の世界帝国 阿部拓児
1594 物語 中東の歴史 牟田口義郎
2496 物語 アラビアの歴史 蔀勇造
1931 物語 イスラエルの歴史 高橋正男
2067 物語 エルサレムの歴史 笈川博一
2753 エルサレムの歴史と文化 浅野和生
2205 聖書考古学 長谷川修一
2647 高地文明 山本紀夫
2253 禁欲のヨーロッパ 佐藤彰一
2409 贖罪のヨーロッパ 佐藤彰一
2467 剣と清貧のヨーロッパ 佐藤彰一
2516 宣教のヨーロッパ 佐藤彰一
2567 歴史探究のヨーロッパ 佐藤彰一

中公新書

現代史

f3

2590 人類と病 詫摩佳代
2664 歴史修正主義 武井彩佳
2451 トラクターの世界史 藤原辰史
2666 ドイツ・ナショナリズム 今野 元
2368 第一次世界大戦史 飯倉 章
2681 リヒトホーフェン―撃墜王とその一族 森 貴史
27 ワイマル共和国 林 健太郎
478 アドルフ・ヒトラー 村瀬興雄
2272 ヒトラー演説 高田博行
1943 ホロコースト 芝 健介
2349 ヒトラーに抵抗した人々 對馬達雄
2610 ヒトラーの脱走兵 對馬達雄
2448 闘う文豪とナチス・ドイツ 池内 紀
2329 ナチスの戦争 1918-1949 R・ベッセル 大山 晶訳
2313 ニュルンベルク裁判 A・ヴァインケ 板橋拓己訳

2266 アデナウアー 板橋拓己
2615 物語 東ドイツの歴史 河合信晴
2274 スターリン 横手慎二
2760 諜報国家ロシア 保坂三四郎
530 チャーチル（増補版） 河合秀和
2643 イギリス1960年代 小関 隆
2578 エリザベス女王 君塚直隆
2717 アイルランド現代史 北野 充
1415 フランス現代史 渡邊啓貴
2356 イタリア現代史 伊藤 武
2221 バチカン近現代史 松本佐保
2415 トルコ現代史 今井宏平
2670 サウジアラビア―「イスラーム世界の盟主」の正体 高尾賢一郎
2586 東アジアの論理 岡本隆司
2437 中国ナショナリズム 小野寺史郎
2600 孫基禎《ソン・ギジョン》―帝国日本の朝鮮人メダリスト 金 誠
2034 感染症の中国史 飯島 渉

2700 新疆ウイグル自治区 熊倉 潤
1959 韓国現代史 木村 幹
2602 韓国社会の現在 春木育美
2682 韓国愛憎 木村 幹
2596 インドネシア大虐殺 倉沢愛子
1596 ベトナム戦争 松岡 完
2330 チェ・ゲバラ 伊高浩昭
1664 1665 アメリカの20世紀（上下） 有賀夏紀
2626 フランクリン・ローズヴェルト 佐藤千登勢
2527 大統領とハリウッド 村田晃嗣
2479 スポーツ国家アメリカ 鈴木 透
2540 食の実験場アメリカ 鈴木 透
2504 アメリカとヨーロッパ 渡邊啓貴
2163 人種とスポーツ 川島浩平
2774 ケマル・アタテュルク 小笠原弘幸